歴史総合問題集

NPO法人
神奈川歴史教育
研究会 編

山川出版社

歴史総合問題集

山川出版社

はじめに

　小学校や中学校で学ぶ歴史は，日本の歴史が中心でした。しかし，「グローバル化」という言葉からも想像できるように，世界中のどこの国や地域においても，現代のわたしたちの暮らす社会が，他の国や地域とのさまざまな接触や交流によって形成されてきたことを感じる場面は多くあるのではないでしょうか。新科目「歴史総合」は，これまで日本史・世界史に分かれていた高等学校の歴史学習の内容を，一つの科目で学ぶことによって，近代以降の人びとがたどった道を考える科目です。

　これまでの歴史関係の科目は，年号や事件名・人物名など，さまざまな事項を暗記する科目と考えられがちでした。しかし，「歴史総合」は，各テーマを学習する前や学習した諸事項をもとに，「なぜ，そのような出来事が起きたのだろうか。その結果，社会や私たちの生活はどのように変化したのだろうか」などの問いや，その答えを考える科目となります。この問題集でも，各テーマの冒頭にキーとなる問い（①18世紀のアジアの経済と社会では「近代化する前のアジアの社会はどのような状況だったのだろうか。また，アジアはヨーロッパにどのような影響を与えていたのだろうか。」）を載せています。そうした問いに答えられるようになることが，歴史学習の最大の目的となります。それらの問いに対する答えは一つではないでしょう。学校の授業などでは，自分がどうしてそういう答えに至ったかを，他の生徒と討議しあい，深めていくことにもなるでしょう。そういう意味では，歴史総合は，歴史に関する諸事項を素材として「主体的・対話的で深い学び」を進めるための科目といえるでしょう。

　とはいえ，討議する際には，参加者の間で最低限の歴史に関する知識を共有することが必要となります。この問題集で問うているのは，そのための最低限の知識といえるでしょう。この問題集で学習することを通じて，21世紀の日本に生きる者として必要な歴史に関する知識や考え方を，皆さんが身につけられることを願っています。

目　次

序　世界の国々

世界史の学習に入る前に，おおまかに地名
や国名を確認しよう。

【1】　下の世界地図を見て，［1］〜［6］には大陸名を，［A］〜［C］には海洋名を，⑦〜⑦には地域名を記入しなさい。

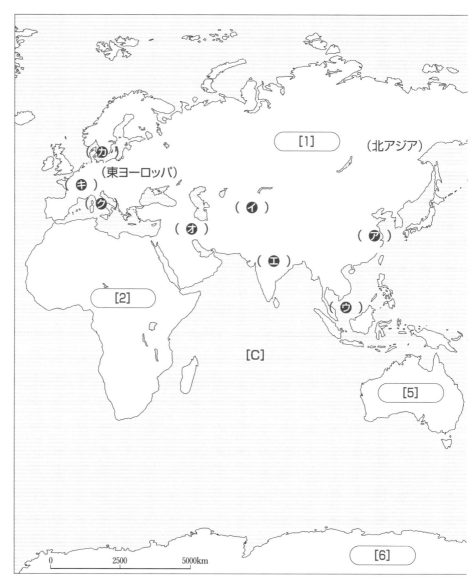

［1］	［2］	［3］
大陸	大陸	大陸
［4］	［5］	［6］
大陸	大陸	大陸
［A］	［B］	［C］

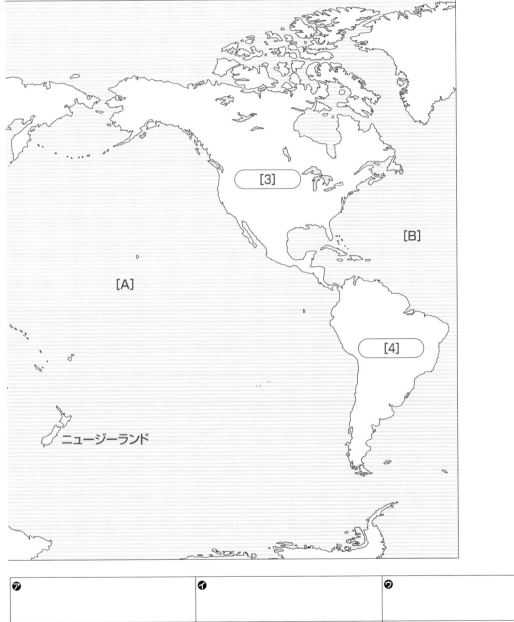

⑦	⑦	⑦
⑦	⑦	⑦
⑦	⑦	

【2】 下のヨーロッパの地図を見て，①～⑩には適する語句を，ⓐ～ⓙには国名を記入しなさい。

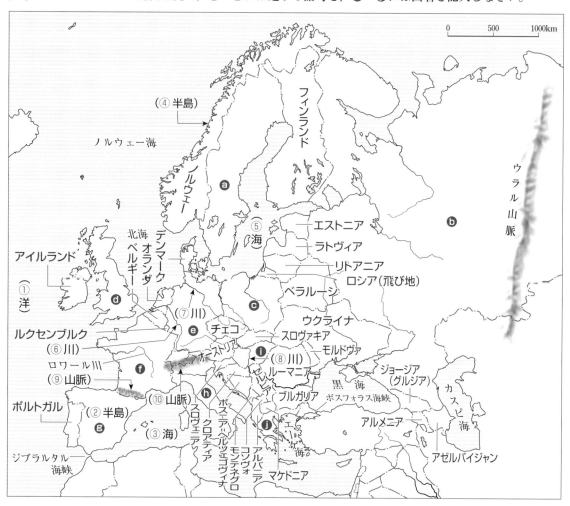

①		②		③	
	洋		半島		海
④		⑤		⑥	
	半島		海		川
⑦		⑧		⑨	
	川		川		山脈
⑩		ⓐ		ⓑ	
	山脈				
ⓒ		ⓓ		ⓔ	
ⓕ		ⓖ		ⓗ	
ⓘ		ⓙ			

6

【3】 下の西アジアの地図を見て、①～⑩には適する語句を、ⓐ～ⓓには国名を記入しなさい。

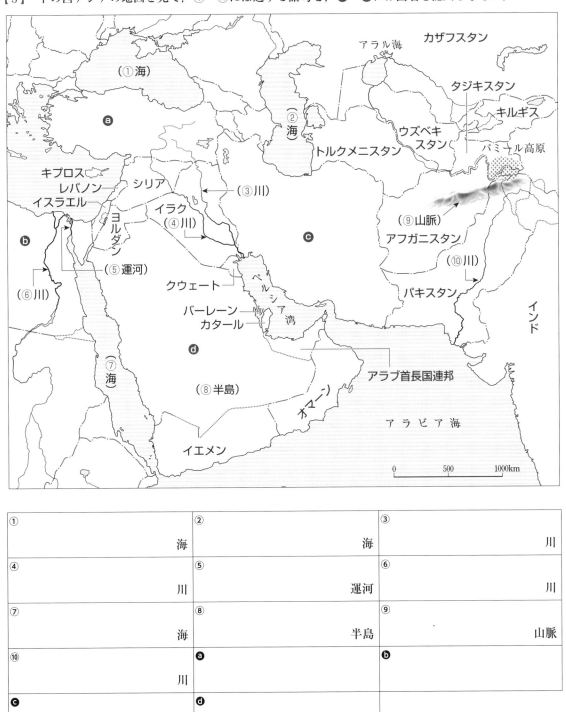

① 海	② 海	③ 川
④ 川	⑤ 運河	⑥ 川
⑦ 海	⑧ 半島	⑨ 山脈
⑩ 川	ⓐ	ⓑ
ⓒ	ⓓ	

【４】　下の南アジア・東南アジアの地図を見て，①〜⑦には適する語句を，ⓐ〜ⓖには国名を記入しなさい。

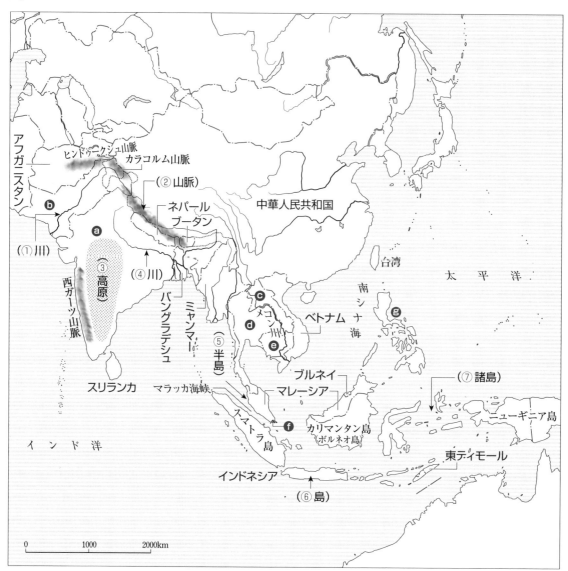

① 川	② 山脈	③ 高原
④ 川	⑤ 半島	⑥ 島
⑦ 諸島	ⓐ	ⓑ
ⓒ	ⓓ	ⓔ
ⓕ	ⓖ	

【5】 下の東アジアの地図を見て，①〜⑦には適する語句を，ⓐ〜ⓓには国名を記入しなさい。

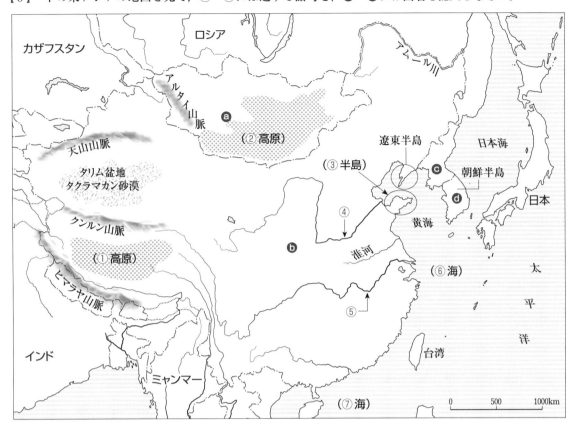

①	②	③
高原	高原	半島
④	⑤	⑥
		海
⑦	ⓐ	ⓑ
海		
ⓒ	ⓓ	

【6】 下のアメリカ大陸の地図を見て，①～⑦には適する語句を，ⓐ～ⓕには国名を記入しなさい。

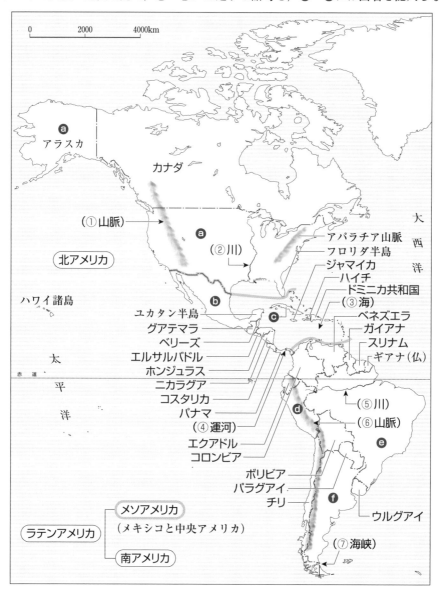

① 山脈	② 川	③ 海
④ 運河	⑤ 川	⑥ 山脈
⑦ 海峡	ⓐ	ⓑ
ⓒ	ⓓ	ⓔ
ⓕ		

【7】 下のアフリカの地図を見て，①～④には適する語句を，ⓐ～ⓖには国名を記入しなさい。

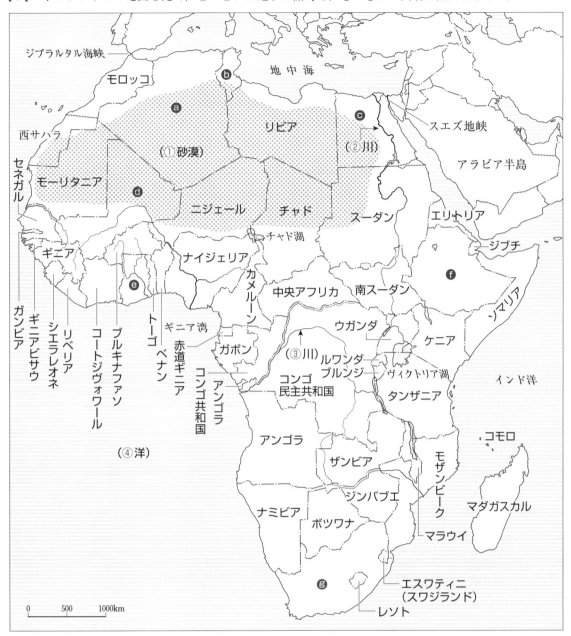

① 砂漠	② 川	③ 川
④ 洋	ⓐ	ⓑ
ⓒ	ⓓ	ⓔ
ⓕ	ⓖ	

18世紀のアジアの経済と社会

近代化する前のアジアの社会はどのような状況だったのだろうか。また、アジアはヨーロッパにどのような影響を与えていたのだろうか。

【1】 次の会話文を読み、問1〜問4に答えなさい。

先生：今日は、18世紀のアジアの歴史を勉強しよう。

生徒：アジアがヨーロッパに侵略される悲惨な歴史ですよね。

先生：そうでもないよ。**表A**を見てごらん。これは1500年から2001年までの世界各地のGDP（国内総生産）の比重を算出したものだよ。各地域の経済力の目安だと思ってもらっていいよ。

生徒：ⓐ18世紀はどこを見ればいいのかなあ。この二つの年のグラフを見れば、わかりますね。[　ア　]。

先生：この時代は、むしろ豊かなアジアの文化をヨーロッパが吸収しようとした時代だよ。**図B**のタイルに描かれた（　イ　）を見てごらん。（　イ　）はもともとオスマン帝国からヨーロッパに輸入されて大流行した花だよ。実は18世紀になると、逆輸入され、同時にパリの文化がオスマン帝国に入ってきたんだよ。だからこの時代を、オスマン帝国では（　イ　）時代というよ。

生徒：この時代まで、アジアはヨーロッパより経済力があったんですね。

表A

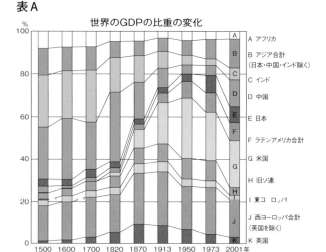

世界のGDPの比重の変化

A アフリカ
B アジア合計（日本・中国・インド除く）
C インド
D 中国
E 日本
F ラテンアメリカ合計
G 米国
H 旧ソ連
I 東ヨーロッパ
J 西ヨーロッパ合計（英国を除く）
K 英国

出典：『市民のための世界史』大阪大学出版会より

図B

問1　下線部ⓐについて、18世紀における各地域のGDPの変化を見るためには、どの年とどの年を比較すればよいか。**表A**を参考にして次の①〜③から一つ選び、番号で答えなさい。

①1820年と1870年　　②1700年と1820年　　③1600年と1913年

問2　[　ア　]に入る文として適当なものを、次の①〜④から一つ選び、番号で答えなさい。

①　この時期、西ヨーロッパのGDPは産業革命の結果、大きく拡大しています。

②　この時期のイギリスのGDPの数値は、産業革命が起こったため、日本の5倍以上に上がりましたね。

③　この時期は、産業革命の影響を受けて、東ヨーロッパの経済が格段に豊かになったことがわかりますね。

④　この時期は康熙帝、雍正帝、乾隆帝が皇帝だった時代で、中国の経済が豊かになったことがわかりますね。

問3　（　イ　）に入る花の名称を、次の①〜④から一つ選び、番号で答えなさい。

①ヒマワリ　　②チューリップ　　③バラ　　④スミレ

問4　表Aについて述べた文として**適当でないもの**を，次の①〜④から二つ選び，番号で答えなさい。

① 日本の世界全体に占めるGDPの比重は，「鎖国」後に急激に下がり，「開国」直後には急激に上がった。

② 中国・インド・日本も含めたアジア全体のGDPが世界全体の50％以下になるのは，1820年から1870年の間である。

③ 中国は，1840年のアヘン戦争前後から世界全体に占めるGDPの比重が急激に下がっている。

④ 1973年から2001年の間で，世界全体に占めるGDPの比重がもっとも伸びた地域は西ヨーロッパである。

問1		問2		問3		問4		

【2】　次の文と図Aを参考に，問1〜問4に答えなさい。

図A

[1]イギリスでは，もともとコーヒーを飲む習慣があったが，18世紀になると（　ア　）を飲む習慣にかわった。（　ア　）は（　イ　）のカップに入れて飲んだ。さらにアメリカ各地で生産された（　ウ　）を入れて甘くした。（　ア　）も（　イ　）も（　エ　）から輸入され，イギリス人の生活は外国との貿易なしでは成り立たなくなった。

[2]18世紀の清代の中国は，「盛世」と呼ばれるほどに発展した。急激に人口数が増え，さまざまな産業，交易が栄えた。当時のイギリスは中国からさまざまなものを輸入したが，逆に中国に輸出できるものはとくになかった。そこでイギリスは貿易の決済に（　オ　）を使用した。イギリスは（　オ　）が足りなくなるとインド産の麻薬である（　カ　）を輸出し，さらには（　カ　）を自由に輸出するために戦争まで起こした。

問1　（　ア　）〜（　カ　）に入る語句を，次の①〜⑫から一つずつ選び，番号で答えなさい。

①アヘン　②インド　③茶　④砂糖　⑤陶磁器　⑥銀　⑦酒　⑧中国（清）　⑨金
⑩香辛料　⑪たばこ　⑫アフリカ

問2　図Aからわかることについて述べた文として正しいものを，次の①〜③から一つ選び，番号で答えなさい。

① この当時，紅茶ではなく緑茶を飲んでいる。

② カップの形が，持ち手のついたティーカップではなく，茶碗の形に近い。

③ 喫茶店で友人たちと茶を飲んでいる。

問3　表Bを見て，（1）（2）に答えなさい。

（1）1775〜79年にかけて，イギリスの中国からの茶の輸入量が減っている。このきっかけとなったと考えられる，1773年にアメリカ大陸イギリス植民地で起きた出来事の名称を，次の①〜③から一つ選び，番号で答えなさい。

①大陸封鎖令発令　②七年戦争開始

③ボストン茶会事件

表B

イギリス東インド会社による
中国茶の輸入量の変遷

平均額（単位：万銀両）

※[　]内は，総輸入価額を100％とした場合に中国茶輸入が占める割合

（年）	平均額（単位：万銀両）［総輸入価額に占める割合］
1765〜69	1,179,854 [73.7%]
1770〜74	963,287 [68.1%]
1775〜79	666,039 [55.1%]
1780〜84	1,130,059 [69.2%]
1785〜89	3,659,266 [82.5%]
1790〜94	3,575,409 [88.8%]
1795〜99	3,868,126 [90.4%]
1817〜19	4,464,500 [86.9%]
1820〜24	5,704,908 [89.6%]
1825〜29	5,940,541 [94.1%]
1830〜33	5,617,127 [93.9%]

（2）表Bを見ると，1830年頃まで，茶の輸入量は増加を続けたことがわかる。その原因について述べた文としてもっとも適当なものを，次の①〜③から一つ選び，番号で答えなさい。

① イギリスでは，上流階級だけでなく，労働者層にも茶を飲む習慣が広まった。

② アメリカの南北戦争で南軍が勝利し，再びアメリカで大量の茶が消費されるようになった。

③ イギリスが中国で茶のプランテーションを多数経営し，中国からの茶の輸入が増えた。

問4 表Cを見ると，中国で人口が急激に増加している。その理由として誤っているものを，次の①〜④から一つ選び，番号で答えなさい。

① 大規模な土地開発と，食糧の増産がおこなわれたため。

② 清代になり，人頭税が廃止されたことで，戸籍に登録しない人が減ったため。

③ 明清交替期の混乱で人口が減ったが，社会が安定して回復したため。

④ 清の皇帝が，ヨーロッパ人など外国人の移住を積極的に支援したため。

表C

明清時代に把握された人口の推移

年	人口
1393	60,545,812
1491	53,281,158
1576	60,692,856
1717	24,621,334
1749	177,495,039
1792	307,467,279
1851	432,164,047
1901	426,447,325
1910	438,425,000

明／清

問1	ア	イ	ウ	エ	オ	カ

問2		問3	（1）	（2）	問4	

【3】 次の二つの資料は，江戸時代の日本の外交に関係する資料である。図Aは「鎖国」期の日本が，対外関係を閉ざしていたわけではないことを表している。図Bは，その時期の日本とオランダで取引された商品を表した資料である。この二つの資料を参考に，問1・問2に答えなさい。

図A

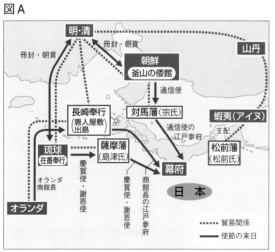

図B

オランダとの貿易

（『オランダ東インド会社の歴史』より作成）

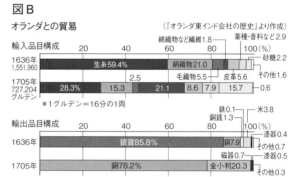

問1　図Aを見て，（1）（2）に答えなさい。

（1）当時，日本が長崎で貿易をおこなっていた相手国を，次の①〜⑤から二つ選び，番号で答えなさい。

　　①蝦夷（アイヌ）　　②朝鮮　　③明・清　　④琉球　　⑤オランダ

（2）ドイツ出身のシーボルトのように，図Aに示されていない国の人も日本にきていた。この時代の人びとの移動について述べた文として適当でないと考えられるものを，次の①〜③から一つ選び，番号で答えなさい。

　　①　ヨーロッパ内で，人びとの往来や移住が盛んにおこなわれていた。

　　②　船がオランダのものであれば，乗組員の出身地は厳密に確認されなかった。

　　③　全員が現在のパスポートのようなものを所持し，日本に来る際に国籍を確認された。

問2　図Bを見て，（1）〜（3）に答えなさい。

（1）オランダが日本に輸出していた生糸や絹織物などは，ほとんどオランダ産のものではない。オランダは他の国から買ったものを日本に売っていたのである。このような貿易を何というか答えなさい。

（2）日本がオランダに輸出していたものは，どのような種類のものが多いか。次の①〜③から一つ選び，番号で答えなさい。

　　①金属　　②工業製品　　③農作物

（3）図Bを参考にして，17世紀の日本について説明した次の文①〜③のうち，適当なものを一つ選び，番号で答えなさい。

　　①　17世紀後半に日本の銀の産出量は減り，銅の産出量は増えたと考えられる。

　　②　17世紀を通じて，日本に来航するオランダ東インド会社の船舶数は増えたと考えられる。

　　③　17世紀を通じて，日本国内の生糸・綿織物の生産は，ほとんど増えなかったと考えられる。

問1	（1）		（2）	問2	（1）		（2）	（3）

【4】　江戸時代におけるアイヌと琉球について，次の2人の文を読み，問1〜問4に答えなさい。

人物Ⅰ

　　　私は北海道全土のアイヌを集め，1669年に戦いを起こしたことで有名な首長だよ。松前藩が不公平な交易をおこなうので，戦いを起こしたのだよ。負けてしまったけれどね。

　　　ただし，私たちが，日本とだけ交易をしていたわけではないことを忘れないでほしい。次ページ図Aの人物は首長イコトイだが，彼が着ている赤いコートは北方の（　ア　）のものだよ。ヨーロッパの雰囲気があるだろう？　さらにその中に見える龍の文様が入っている服は（　イ　）でつくられた服で，蝦夷錦と呼ばれたんだ。つまり，私たちは北方のさまざまな国と貿易して豊かな文化を持っていたんだよね。

人物Ⅱ

　　私は尚寧。琉球王国第7代の国王（在位1589〜1620年）だよ。私の時代の1609年に，琉球は日本の（　ウ　）に侵略されてしまったのだよ。とてもショックだったよ。私たちは江戸時代，日本に服属しつつ，清にも服属することになるのだよ。

　　ただし，二つの国に属していたとはいえ，江戸時代の間も琉球は栄えていたのだよ。それは図Bを見てもらえばわかるでしょう。

　　最後にいっておきたいのは，蝦夷地から日本を通じて入ってきた（　エ　）を私たちがかなり食べるようになったのだよ。図Cを見るとわかるけれど，（　エ　）ロードといったりもするよ。この当時の交易が盛んな様子がわかる話だよね。

図A

図B

図C

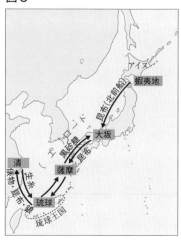

問1　人物Ⅰの名前を答えなさい。

問2　（　ア　）（　イ　）に入る国名を，次の①〜④から一つずつ選び，番号で答えなさい。

　　①清　　②イギリス　　③タイ　　④ロシア

問3　琉球王国は，ある藩に侵略された。（　ウ　）に入る藩の名称を，次の①〜③から一つ選び，番号で答えなさい。

　　①長州藩　　②薩摩藩　　③水戸藩

問4　（　エ　）は，現在も北海道でよく採れ，また現在の沖縄での消費量も全国有数である。（　エ　）に入る産物を，次の①〜③から一つ選び，番号で答えなさい。

　　①昆布　　②砂糖　　③豚肉

問1		問2	ア	イ	問3		問4	

2 工業化と世界市場の形成①

工業化の始まりであった産業革命とは，どのような出来事だったのだろうか。また，産業革命によって人びとの生活はどのように変化したのだろうか。

【1】 次の会話文を読み，問1〜問7に答えなさい。

先生：タイムマシンで，イギリスの一つの町の景観や人びとの暮らしを観察しながらどんどん時代をさかのぼったとする。どのあたりで世の中の様子は一変するかなぁ。

生徒：ピューリタン革命とか，ワーテルローの戦いとかですか。

先生：なるほど，しかし政治的な革命や軍事的な決戦は目につきやすいが，世の中の様子を劇的に変えるかというと，ちょっとね。

生徒：では，先生はどのあたりだと思いますか。

先生：産業革命だと思う。産業革命とは生産や運輸に機械や@動力を導入することで始まった一連の変化をいうのだけれども，⑥町の様子，⑥店やそこに並ぶ品々の様子，すべてこれを境に変わったね。

生徒：なるほど，たしか@イギリスが（　ア　）織物工業の分野で真っ先に成功して，そのあと@いろんな国が後追いしたのですね。

先生：よく知ってるね！　そう，だからイギリスは産業革命後，しばらくは世界経済をリードし，「世界の工場」といわれたのさ。

生徒：どうしてイギリスは他国に先んじたのですか。

先生：すでに商業活動が活発におこなわれていて，資本の蓄積があったこと，科学や技術の面で各国を凌駕していたことなど，いろいろいわれている。しかし，ポメランツという学者は，人口密集地帯の近くに（　イ　）があったことなど，偶然の要素も大きかったといっている。

生徒：なるほど。

先生：ただ，ポメランツの学説への反論もあって，①産業革命で実用化された新しい技術の重要性や意義を過小評価しているという学者もいるよ。

問1　下線部@について，産業革命で重要な役割をはたした動力機械として，蒸気機関があげられる。これは早くから存在したが，ある人物が画期的な改良を施して以来，広く使われるようになった。この人物の名前を答えなさい。

問2　下線部⑥について，産業革命によって登場した町並みとして適当なものを，次の①〜④から一つ選び，番号で答えなさい。

① 国王の家臣が多く住む首都　　　② 多くの巡礼者でにぎわう宗教都市
③ 多くの労働者が働く工場都市　　④ 鍬を入れやすいように縦長に整地された畑

問3　下線部⑥について，以下の文中の（　A　）に入る語句を，次の①〜④から一つ選び，番号で答えなさい。

「それまで熟練が必要とされた仕事が，大量生産する工場に奪われた衝撃は大きく，(中略)そうした変化に抵抗した人びとが（　A　）運動を起こした。」

（C.ロイド著，野中香方子訳『137億年の物語』，文芸春秋より）

①チャーティスト　　②自由主義　　③ラッダイト　　④功利主義

問4　下線部ⓓの文中の（　ア　）に入る語句を，次の①〜④から一つ選び，番号で答えなさい。

　　①絹　　②木綿　　③毛　　④ナイロン

問5　下線部ⓔについて，日本が産業革命を迎えた時期として正しいものを，次の①〜④から一つ選び，番号で答えなさい。

　　①1830年代以前　　②1850年代　　③1870年代　　④1890年代

問6　下線部ⓕについて，産業革命で開発されたさまざまな機械の中で，（1）力織機を発明した人物，（2）磁石式電話機を発明した人物はそれぞれ誰か。次の①〜⑤から一つずつ選び，番号で答えなさい。

　　①クロンプトン　　②ベル　　③カートライト　　④ホイットニー　　⑤ケイ

問7　（　イ　）に入る語句を，次の①〜④から一つ選び，番号で答えなさい。

　　①石油　　②薪　　③石炭　　④ウラン

問1				問2		問3	
問4		問5		問6	(1)	(2)	問7

【2】　次の問1〜問3に答えなさい。

問1　蒸気船を発明した人物を答えなさい。

問2　図Aは1825年にイギリスのストックトン〜ダーリントン間で客・貨物の
　　輸送に成功した蒸気機関車のロコモーション号である。この機関車をつく
　　った人物を答えなさい。

図A

問3　蒸気船・蒸気機関車の登場は，交通革命と呼ばれる変化を人類にもたら
　　した。交通革命の結果に関する説明として誤っているものを，次の①〜④
　　から一つ選び，番号で答えなさい。

　　①　多くの人びとが旅行できるようになり，イスラーム教の巡礼地メッカなどがにぎわった。

　　②　領土の広い大国の覇権が確立した。

　　③　長距離輸送が広くおこなわれるようになり，貿易が盛んになった。

　　④　工業国は海外に原料供給地を設定することがより容易になった。

問1		問2		問3	

【3】　次の会話文を読み，問1〜問5に答えなさい。

生徒：ところで先生，産業革命って，本当のところみんなを幸せにしたんですか。

先生：うむ，鋭いね。学者の間でもまさにそのことが問題になっているんだ。生活水準論争といってね。
　　　産業革命で働く人びとの生活は豊かになったという考え方を楽観論，むしろ悪化したという考え方
　　　を悲観論と呼ぶんだ。ⓐエンゲルスなどは初期の悲観論の論客だね。

生徒：何を根拠に論じ合うんですか，昔は国勢調査とかないんでしょ。

先生：そうだ，そこだよ。悲観論に立つホブズボームという学者は，19世紀中期のロンドンのある屠殺場
　　　で処理した家畜の数を調べ，その数がロンドンの人口増加に見合った分だけ上昇していないことな

どを理由にあげた。また楽観論に属するハートウェルという学者は，ロンドンで食べられる肉はもっと遠隔地から運ばれてきた可能性もあると反論したり，酒に関する税金がこの時期に廃止されたことなどもあって，ロンドンの人びとが娯楽などに回せるお金は増えていたという。

生徒：興味深いですけれども，論点が必ずしもかみ合っていないような。

先生：そうだね，学者たちの間でも論点が広がり過ぎることに批判が出て，しだいに論争は働く人びとの実質賃金をめぐる論争に集中していったんだね。それでも学者の論議は決着しなかった。どの時期を分析するのかとか，お金さえあれば他の生活条件が悪化しても生活がよくなったといえるのかといった意見とか。

生徒：難しいですね。

先生：ドイツのクチンスキーという学者は，お金だけではなく労働時間とか労働災害とか⑥働く条件も考えるべきだといっている。それに生活の問題はやはり個人差が激しい。ランカシャー地方に新たに発展しつつあった紡績業に就職し，比較的裕福な暮らしを確保した家族もいる。しかしその反面，失業してしまった手織り布の職人さんなどもいたんだ。

生徒：はあ，確かに。

先生：近年，実質賃金論争にかわり注目されているのは身体的なものだね。人間の身長は，成長期に摂取した栄養などが大きく影響するからね，右のグラフを見てごらん。

生徒：これを見ると，僕はやっぱり

| ア |

と思いますね。

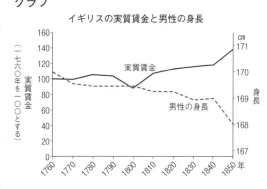

グラフ

イギリスの実質賃金と男性の身長

先生：そうだね，やはり労働者のおかれた環境は厳しかったといえる。だからこそ，労働運動が発展していったんだね。そして労働組合運動や，それを支持基盤とした⑥社会主義運動が19世紀末から20世紀前半，世界の歴史におおいに影響を及ぼした。そして今も⑥働く人の人権や生活は，大きな問題であり続けているからね。

問1　下線部⑧に関連して，彼が盟友マルクスと共著で19世紀中期に出版した著書名を答えなさい。

問2　下線部⑥に関連して，スコットランドのニューラナークにあったみずからの紡績工場で良質な労働条件の整備に努め，よい労働条件が生産性を向上させることを立証した改革思想家がいる。この人物を次の①～④から一つ選び，番号で答えなさい。

　　①オーウェン　　②フーリエ　　③サン＝シモン　　④プルードン

問3　下線部⑥に関連して，イギリスでは20世紀初頭に，武力革命ではなく議会や選挙を通じて政治の主導権を握り，社会主義の理想を漸進的に実現しようという考え方の政党が結成された。この党の名称を次の①～④から一つ選び，番号で答えなさい。

　　①社会民主党　　②社会主義統一党　　③共産党　　④労働党

問4　下線部⑥に関連して，国際連合の専門機関で労働者保護の世界的な基準づくりなどに活躍している団体は何か。次の①～④から一つ選び，番号で答えなさい。

　　①ILO　　②UNICEF　　③WHO　　④WTO

問5　文中の　　ア　　にあてはまる言葉を考えて入れなさい。

問 1		問 2		問 3		問 4	
問 5							

【4】 次の文を読み，問に答えなさい。

イギリスで19世紀の中期から後期にかけて，昆虫学者の間で話題になっ
たある現象があります。ヨーロッパに広く見られ，イギリスにもたくさん
生息していた@**写真のオオシモフリエダシャクという**蛾は，本来，白っぽ
い種類が多く見られ，黒っぽい羽の種類は少なかったのですが，19世紀後
期には，これが完全に逆転し，黒い方が圧倒的主流になったのです。ただ，
この現象は農村地域ではあまり見られず，ロンドンからマンチェスターに
かけての工業地帯で広く見られました。

写真

問　下線部@のような現象はなぜ起きたのか，60字以内で説明しなさい。

3 工業化と世界市場の形成②

> アジアの国々はどのようにして開国したのだろうか。そして、開国によってアジアの国々の政治や経済はどのように変化したのだろうか。

【1】 次の会話文を読み、問1〜問4に答えなさい。

先　生：次の**資料A・B**の2枚の絵は、1793年にイギリスのマカートニーという人が、清の（　ア　）帝の長寿を祝って拝謁した様子を描いたものだよ。2枚を見て気づくことはないかな。

生徒X：う〜ん、難しいな。そもそも本当に同じ時なの？　**資料B**の（　ア　）帝はだいぶ太っているよ。

先　生：いいところに気づいたね。**資料B**は、「風刺画」といって、「遅れた傲慢な清と先進のイギリス」を意図的に表現したものだったんだよ。

生徒X：へぇ〜。じゃあ**資料B**の下の方に見えるものは何だろう？　これも何か意味があるの？

先　生：それは、おもちゃじゃないかといわれているよ。

生徒Y　何で？　おもちゃのプレゼント？

先　生：それも**資料B**が「風刺画」であることを考えれば、この絵を描いた人が中国のことを茶化して描いたのではないかと考えられるかもね。

生徒X：ところで、先生。マカートニーは何しに来たの？

先　生：大事な点を質問してくれたね。それでは、**資料C**を見てごらん。これは、中国の⒜人口増加を表したものだよ。清の時代に注目して見ると、とっても特徴的でしょう。

生徒X：人口がとても増えているのがわかる。ずいぶん多いなぁ！

先　生：そうなんだ。産業革命によって工場生産を可能にしていた⒝イギリスにとって、中国は魅力的な市場として注目されていたんだね。人口の多さという点では、現代社会の中国市場と同じようだね。そして、マカートニーは、⒞当時の貿易のあり方を変えることを、本当の目的としていたんだ。ただし、当時の清はイギリス側の要求を断っているよ。

生徒Y　マカートニーはがっかりしたのかな？

先　生：確かにがっかりしたかもしれないけれども、中国に関する情報収集と分析をおこなって帰国しているよ。

資料A

資料B

資料C

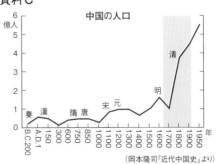

（岡本隆司「近代中国史」より）

問1　（　ア　）には，清の最大版図を実現した皇帝の名が入る。この皇帝名を次の①～④から一つ選び，番号で答えなさい。
　　①乾隆　　②雍正　　③康熙　　④道光

問2　下線部ⓐに関連して，人口の増加にともない，中央・地方ともにさまざまな問題が現れた。人口増加による当時の社会の動きについて述べた文として適切でないものを，次の①～③から一つ選び，番号で答えなさい。

①　東南アジアなどへの移住が進み，移住した人びとは南洋華僑と呼ばれた。

②　アメリカ大陸伝来の作物は，山地栽培が可能なために，山地の開墾が進んだ。

③　土地が余る一方で，家屋が足りずに困る農民が多く現れた。

問3　下線部ⓑに関連して，次の二つの資料D・Eから読みとることができる説明として適切でないものを，あとの①～④から一つ選び，番号で答えなさい。

資料D

イギリスの中国茶葉の需要の変化

1720年	181,600kg
1800年	10,442,000kg

中国に流れ込む銀の総量

1760年代	毎年300万両
1780年代	毎年1,600万両

（『世界の教科書　中国の歴史と社会』より）

資料E

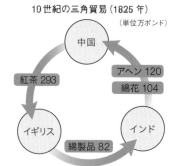

10世紀の三角貿易（1825 年）
（単位万ポンド）

①　資料Dより，イギリスでは中国から大量の茶を買いつけるようになったことがわかる。

②　資料Dより，中国では茶葉の輸出が増加するとともに，銀の流入が進んだことがわかる。

③　資料Eより，アヘンがインドから清に運ばれていることがわかる。

④　資料Eより，中国はインドを通してイギリスの綿製品を輸入していたことがわかる。

問4　下線部ⓒに関連して，当時，清が欧米諸国との貿易を認めていた港市は一つに限られていた。その港市の所在地を地図Fの①～④から一つ選び，番号で答え，あわせて港市名も答えなさい。

地図F

問1		問2		問3	
問4	所在地				

22

【2】 17世紀末から19世紀の出来事を記した次のⅠ～Ⅷのカードを読み，問1・問2に答えなさい。

Ⅰ	Ⅱ	Ⅲ	Ⅳ
南京条約で，香港の割譲・5港の開港・公行の廃止などを決めた。	アヘン戦争が始まった。	林則徐は，アヘンを廃棄処分にした。	アロー戦争が始まった。

Ⅴ	Ⅵ	Ⅶ	Ⅷ
ロシアは，北京条約により沿海州を領有した。	ロシアは，アイグン条約により黒竜江以北の地を領有した。	イリ条約により，ロシアと清が中央アジアの国境を定めた。	康熙帝がネルチンスク条約を結んだ。

問1 カードⅠ～Ⅳの出来事を，年代順に並べなさい。

問2 カードⅤ～Ⅷの出来事を，年代順に並べなさい。

問1	→	→	→	問2	→	→	→

【3】 次のA～Fの人物の説明文を読み，問1～問4に答えなさい。

A  この人物は，1868年，父王の急死により15歳で即位しました。インドやジャワ島などの植民地支配の現状を実際に視察することで，タイの独立維持のためには，西欧化が重要であることを認識しました。ラタナコーシン（チャクリ）朝において，近代化政策を実施しました。

B  この人物は，アヘン戦争後の混乱した清朝末期に，拝上帝会を組織し，1851年に挙兵して太平天国を打ちたてました。南京を首都と定め，「（ ア ）」をスローガンとしました。清朝で強制されていた辮髪（べんぱつ）や当時流行していた纏足（てんそく）を廃止しました。

C  この人物は，太平天国の乱の鎮圧に活躍しました。また，曾国藩（そうこくはん）・左宗棠（さそうとう）らとともに，ヨーロッパの近代技術を導入し，富国強兵を目指す（ イ ）運動を進めました。明治維新期の日本の政治家ともたびたび交渉をおこなっています。

D  この人物は，アメリカ海軍の軍人です。日本を開国させるため，大西洋・アフリカまわりで日本を目指しました。当時の江戸幕府の上層部は，来航の情報を事前に得ていました。浦賀奉行らは，当時の国際法である『万国公法』などを参考に交渉にのぞみました。1854年に（ ウ ）条約を結び，ⓐ日本は開国しました。

E この人物は，公家出身の明治初期を代表する政治家です。1871年には，使節団を率いて，不平等条約を改正するためにアメリカ合衆国にわたりました。条約改正が簡単ではないことを確認したのちには，ヨーロッパ各国を視察し，帰国しました。帰国後は，朝鮮に対する（ エ ）論に対して内治優先論を唱えました。また，明治新政府による国づくりの計画に深く関わりました。

F この人物は，朝鮮王朝の国王高宗の王妃に当たります。国王の父にあたる大院君が進めていた⒝政策を改め，1876年に，日朝修好条規を結びました。その後，壬午軍乱を契機に清朝に接近するようになりました。

問1　（　ア　）〜（　エ　）に入る語句を，次の①〜⑧から一つずつ選び，番号で答えなさい。
　　①征韓　　②事大　　③洋務　　④変法自強　　⑤扶清滅洋　　⑥滅満興漢
　　⑦日米修好通商条約　　⑧日米和親条約

問2　A〜Fの人物の名前を，次の①〜⑥から一つずつ選び，番号で答えなさい。
　　①ペリー　　②洪秀全　　③李鴻章　　④閔妃　　⑤チュラロンコン　　⑥岩倉具視

問3　下線部ⓐに関連して，次の**資料**は日本の開国後の1865年の貿易状況を表している。この資料を見て，（1）・（2）に答えなさい。

資料

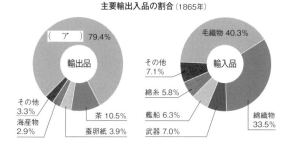

主要輸出入品の割合（1865年）

輸出品：（ア）79.4%，茶 10.5%，蚕卵紙 3.9%，海産物 2.9%，その他 3.3%

輸入品：毛織物 40.3%，綿織物 33.5%，武器 7.0%，艦船 6.3%，綿糸 5.8%，その他 7.1%

横浜港における各国の取扱高の割合（1865年）

商館の国籍別：（イ）63.0%，アメリカ 15.0%，フランス 12.7%，オランダ 7.0%，その他 2.3%

（1）（　ア　）に入る品名と，（　イ　）に入る国名をそれぞれ答えなさい。

（2）**資料**を参考に，日本国内への貿易の影響について述べた次の文の（　ウ　）（　エ　）に入る語句の組み合わせとして適当なものを，あとの①〜④から一つ選び，番号で答えなさい。

> 機械生産によるイギリスの綿織物は（　ウ　）だったため，国内の綿織物業者は（　エ　）。

　　①ウ―安価　　エ―影響を受けた　　　　②ウ―安価　　エ―影響を受けなかった
　　③ウ―高価　　エ―影響を受けた　　　　④ウ―高価　　エ―影響を受けなかった

問4　下線部ⓑに関連して，この政策は武力を行使してでも外国勢力を追い払おうというものであった。外国勢力を武力で打ち払うことを何というか。漢字2字で答えなさい。

問1	ア	イ	ウ	エ	問2	A	B	C	D	E	F

問3	(1)ア	イ	(2)	問4	

4 立憲体制と国民国家の形成①

ヨーロッパやアメリカ合衆国の国民国家はどのような考え方にもとづいて形成されたのだろうか。また，国民国家の統一にあたっては，どのような政策がとられたのだろうか。

【1】 次の先生とサトシさんの会話文を読み，**問1・問2**に答えなさい。

先　生：現在の先進国と呼ばれるG7の参加国がわかりますか。

サトシ：アメリカ合衆国・カナダ・ドイツ・フランス・イタリア・イギリス・（　ア　）です。

先　生：これらの国のほとんどが，19世紀中に国民国家を形成して産業革命を成功させた国ということは知っていますね。

サトシ：もちろんです。そして，これらの国の多くは20世紀に（　イ　）主義国となって他国を侵略したのでしょう。

先　生：よく知っていますね。国民国家の形成にとって重要な出来事であったアメリカ合衆国の独立とフランス革命は，ほぼ同じ時期に起こっています。

サトシ：18世紀末に起こった（　ウ　）革命と呼ばれた一連の出来事ですね。

先　生：そうです。ところで国民国家を形成するのには何が必要なのかわかりますか。

サトシ：それは共通な（　エ　）であり，共通な（　オ　）認識ですね。

先　生：よくわかっていますね。イタリアでは国民国家としてのイタリアが成立した時にイタリア語を話せる国民は約3％といわれていますので，共通な（　エ　）の普及にはかなり時間がかかったと考えられます。

サトシ：日本も同じようなことがあったのですか。

先　生：江戸語を話せた武士たちが明治維新を成しとげたのは有名な話です。また共通な（　オ　）認識を持たせるために，日本では天皇を中心に過去を語る手法がとられたのですよ。

問1　（　ア　）～（　オ　）に入る語句を答えなさい。

問2　なぜ，産業革命が成功するためには国民国家の成立が必要だったのか，その理由を二つ答えなさい。

問1	ア	イ	ウ	エ	オ

問2	

【2】　次の問1〜問4に答えなさい。

問1　次の**史料**はアメリカ独立宣言の一部である。これを読み，（　X　）（　Y　）に入る語句を，それぞれ漢字2字で答えなさい。

> **史料**　われわれはつぎのことが自明の真理であると信ずる。すべての人は（　X　）につくられ，造化の神によって，一定の譲ることのできない権利が与えられていること。その中には，生命，（　Y　）そして幸福の追求が含まれていること。これらの権利を確保するために，人類の間に政府がつくられ，その正当な権力は被治者の同意にもとづかねばならないこと。もしどんな形の政府であってもこれらの目的を破壊する者になった場合には，その政府を改革しあるいは廃止して人民の安全と（　X　）をもたらすにもっとも適当と思われる原理にもとづき，そのような形で権力を形づくる新しい政府を設けることが人民の権利であること。以上である。（以下略）

問2　アメリカ独立宣言の特徴を表す文として適当なものを，次の①〜④から一つ選び，番号で答えなさい。

①　貴族の特権を王が認めた最初の宣言である。

②　私有財産の不可侵性を高らかにうたいあげた宣言である。

③　ロックの主張した革命権が明記された宣言である。

④　国家間の紛争を解決する手段としての戦争を否定した最初の宣言である。

問3　図版の奴隷市はアメリカ合衆国でいつ頃まで続いたか。次の①〜④から一つ選び，番号で答えなさい。

図版

①　アメリカ合衆国の独立が認められたパリ条約の頃まで。

②　各国の指導者が集まって長期の会議を持ったウィーン会議の頃まで。

③　南北戦争が終了した頃まで。

④　第一次世界大戦にアメリカ合衆国が参戦した頃まで。

問4　奴隷市をアメリカ合衆国からなくした人物を，次の①〜④から一つ選び，番号で答えなさい。

①マルクス　　②リンカン　　③クロムウェル　　④ルヴェルチュール

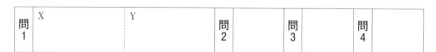

問1	X	Y		問2		問3		問4	

【3】　次の**史料**と図版について，問1〜問4に答えなさい。

図版

史料

第2条　あらゆる政治的結合（国家）の目的は，人間の自然で時効により消滅することのない権利の保全である。それらの権利とは，自由・所有権・安全及び圧政への（　X　）である。

第3条　あらゆる（　Y　）の原理（起源・根源）は，本質的に国民のうちに存する。いかなる団体，いかなる個人も，国民から明白に由来するものでない権威を，行使することはできない。

問1　史料中の（　Ｘ　）と（　Ｙ　）に入る語句を，それぞれ漢字2字で答えなさい。

問2　史料が出されたのはどの革命の時か，次の①〜④から一つ選び，番号で答えなさい。

　　①名誉革命　　②二月革命　　③七月革命　　④フランス革命

問3　図版の人物がおこなったこととして正しいものを，次の①〜④から一つ選び，番号で答えなさい。

　　①　ヨーロッパ各国のナショナリズムに火をつけた。

　　②　メキシコ遠征を企てたが失敗した。

　　③　アルジェリアをはじめて植民地にした。

　　④　パリの大改造をおこなった。

問4　図版の人物がつくった法の名を，次の①〜④から一つ選び，番号で答えなさい。

　　①マグナ＝カルタ　　②フランス民法典　　③ローマ法大全　　④工場法

問1	X	Y	問2		問3		問4	

【4】　19世紀のヨーロッパで活躍した次のＡ〜Ｄの人物について，問1〜問3に答えなさい。

Ａ　私はプロイセンの宰相としてドイツ統一の中心的役割をはたした。ドイツ統一に反発するデンマーク，プロイセンと対立した（　ア　）を破るとともに最大の敵フランスを破り，1871年にドイツ帝国をつくりあげた。

Ｂ　私はこの国の最初の大統領選挙に当選して大統領になり，すぐにクーデタと国民投票で皇帝になった。宣教師迫害を口実に（　イ　）と戦い，植民地化を進めた。Ａに敗れて，皇帝を退位した。

Ｃ　私は（　ウ　）王国の首相としてイタリア統一の中心的役割をはたした。クリミア戦争に参戦することでＢの協力を得て1861年にイタリア統一を成しとげた。

Ｄ　私はスエズ運河会社株の買収に始まるエジプト，スーダンの植民地化を積極的に進めた。シパーヒーの反乱が起こったことをきっかけに（　エ　）帝国を成立させ，イギリス女王ヴィクトリアを皇帝にした。

問1　Ａ〜Ｄの人物の名前を答えなさい。

問2　（　ア　）〜（　エ　）に入る国名を答えなさい。

問3　Ａ〜Ｄの人物が属した国の位置を，次の地図の①〜⑥から一つずつ選び，番号で答えなさい。

地図

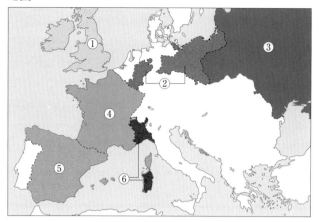

問1	A	B	C	D
問2	ア	イ	ウ	エ
問3	A	B	C	D

5 立憲体制と国民国家の形成②

欧米諸国の進出によって日本の政治・経済はどのように変わっていったのだろうか。また，明治政府はどのような政治的課題に直面したのだろうか。

【1】　イギリスのアジア進出とそれにともなう伝統社会の変容について説明した次の文を読み，問1〜問3に答えなさい。

　19世紀になると，産業革命はイギリスから欧米諸国へと拡大していった。産業革命の進展とともに，欧米諸国は市場や原料供給地を求めていった。1840年，イギリスと清との間に　I　戦争が始まった。この戦争で勝利したイギリスは，清と南京条約を結び，（　ア　）を獲得した。以後，1997年の返還まで（　ア　）はイギリスの植民地とされた。

　インドでは1857年（　イ　）が起こり，北インド全域に広がったが，統一した組織も目標も持たないこの蜂起は鎮圧され，ムガル帝国は名実ともに滅亡した。

　一方，清では洪秀全が指導し，清朝打倒のスローガンを掲げる武装蜂起である（　ウ　）の乱が起こった。この武装蜂起は南京を占領して清に対抗する政権を打ちたて，土地均分・男女平等などを主張したが，清朝と列強の軍隊に敗れて滅亡した。

図A

　これらの経験から列強は多くの犠牲をともなう軍事的侵略より，現地の支配勢力を利用して貿易をおこなう方が，得策であると考えるようになった。このことは，その後の列強による対日政策にも影響を与えている。

　⒜　I　戦争は江戸幕府に大きな衝撃を与えた。しかし，幕府の改革は失敗し，雄藩の改革が進む中で，幕府の権威は低下していった。これが，のちに起こる明治維新の遠因ともいえるだろう。

問1　（　ア　）〜（　ウ　）に入る語句を答えなさい。

問2　　I　に入る語句は図Aの絵と関係が深いが，それは何か答えなさい。

問3　下線部⒜について，この後の幕府の政策について述べた文として正しいものを，次の①〜④から一つ選び，番号で答えなさい。

　①　享保の改革を進め，異国船打払令を出した。

　②　天保の改革を進め，薪水給与令を出した。

　③　享保の改革を進め，薪水給与令を出した。

　④　天保の改革を進め，異国船打払令を出した。

問1	ア	イ	ウ

問2		問3	

【2】 江戸時代末期の状況について述べた次の文を読み，問1〜問3に答えなさい。

1853年，ⓐ軍艦4隻を率いて浦賀に来航したアメリカ東インド艦隊司令長官ペリーの強い姿勢に，幕府の老中首座阿部正弘は大統領の国書を受領し，翌年には，港の開港や薪水・食料の供給を内容とする，日米和親条約を締結した。さらに幕府は，イギリス・ロシア・オランダとも類似の条約を結んだため，200余年におよぶ鎖国政策は終わりを告げた。

一方，下田に着任したアメリカ総領事ハリスは，貿易を内容とする条約の調印を要求し，1858年，大老となった井伊直弼は勅許を待たずにⓑ日米修好通商条約に調印するとともに，将軍継嗣問題では一橋派をおさえて，南紀派の推す徳川慶福を14代将軍に決定した。

このような独断的政治に非難が集まったことに対して，彼は，一橋派の公家・大名をはじめ，橋本左内や吉田松陰らを処罰したため，1860年，水戸藩などの浪士の襲撃を受けて暗殺された。これによって，幕府の権威は急速に衰えることになる。

問1 下線部ⓐに関して，当時，アメリカ合衆国が日本に開国を迫った理由として**適当でないもの**を，次の①〜④から一つ選び，番号で答えなさい。

① 新航路の発見とキリスト教伝道の必要性から日本に接近した。
② 産業革命を背景に，原料資源と商品市場をアジアに求めてきた。
③ カリフォルニアを獲得してから，太平洋航路の重要性が高まった。
④ 北太平洋の捕鯨漁業の寄港地を必要とした。

問2 下線部ⓑの条約の一部である**史料A**について，（1）〜（3）に答えなさい。

史料A

第六条 日本人に対し法を犯せる亜墨利加人は，亜墨利加コンシュル裁断所にて吟味の上，亜墨利加の法度を以て罰すべし。亜墨利加人へ対し法を犯したる日本人は，日本役人糺の上，日本の法度を以て罰すべし。

（1）**史料A**中の下線部コンシュルとは何を指すか。次の①〜④から一つ選び，番号で答えなさい。
　　①藩主　　②知藩事　　③領事　　④提督

（2）**史料A**は，この条約で日本にとって不利であったとされる条項である。何といわれるものか答えなさい。

（3）この条約には，日本にとってもう一つ不平等な条項があった。それはどのような点が不平等であったか，説明しなさい。

問3 **資料B**は幕末の貿易構造のグラフである。**資料B**の円グラフの㋐・㋑・㋒に適する品目名や国名の組み合わせとして適当なものを，次の①〜④から一つ選び，番号で答えなさい。

資料B

主要輸出入品の割合(1865年)

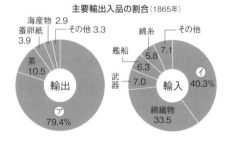

船舶の国籍別貿易額比率(1865年)

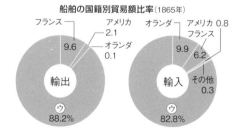

① 　⑦－生糸　④－毛織物　⑦－イギリス

② 　⑦－毛織物　④－生糸　⑦－イギリス

③ 　⑦－生糸　④－毛織物　⑦－ロシア

④ 　⑦－毛織物　④－生糸　⑦－ロシア

問1		問2	(1)	(2)		(3)
問3						

【3】 「明治政府の対外関係」というテーマについて，レポートを作成するという課題を与えられた高校生のタクとリツとの会話文を読み，問1〜問3に答えなさい。

タク：この課題は，世界と日本とのつながりをまとめると面白いんじゃないかな。

リツ：いいね！　まず，教科書を見てみよう。

タク：そうだね。この時代はまず⑧対外関係として，ロシアとの交渉が重要な出来事だよね。

リツ：それから⑥岩倉使節団として海外を見てきた人びとの存在もレポートには載せておく必要があるわ。

タク：明治時代は，欧米列強へ追いつき追い越せという感じで，「殖産興業・富国強兵」をスローガンにしていて，欧米諸国へ憲法調査をして苦心の末に完成した大日本帝国憲法をはじめ，欧米列強の政策を盛んに取り入れているといえるなぁ。

リツ：ちょっと待って。日本の領土もこの時期に画定しているから，レポートに載せた方がいいよね。

タク：そうだね。明治時代に日本の領土は決定し，国際社会に認められたわけだから，今日の近隣諸国との領土問題を語る上でも，理解しておくことが大切だね。

問1　下線部⑧に関連して，（1）〜（4）に答えなさい。

地図

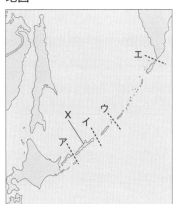

（1）明治初期の外交問題では，ロシアとの国境の画定という案件が存在したが，日露和親条約で画定した千島列島における国境線はどの位置か。右の地図中のア〜エから一つ選び，記号で答えなさい。

（2）地図中のXの島名を答えなさい。

（3）日露和親条約では，樺太についてどのように規定していたか簡単に説明しなさい。

（4）1874年に明治政府は台湾に軍隊を派遣した。その理由として適当なものを，次の①〜④から一つ選び，番号で答えなさい。

①　琉球藩が台湾付近の測量をおこなったから。

②　台湾近海で日本の軍艦が砲撃されたから。

③　清が台湾から琉球に上陸する気配を見せたから。

④　琉球島民が台湾で殺害されたから。

問2　下線部ⓑの岩倉使節団について述べた文として適当なものを，次の①～④から一つ選び，番号で答えなさい。

① 岩倉具視らが持参した親書が欧米諸国で評価を受け，国際社会での日本の地位が確立した。

② 使節団に同行した留学生の中には，平塚らいてうをはじめとする女学生らも多数いた。

③ 使節団の一行は，はじめにイギリス，次にアメリカ合衆国，ドイツの順に訪問した。

④ この使節団の目的は，幕末に結んだ不平等条約の予備交渉であった。

問3　下線部ⓑの岩倉使節団が派遣された頃のイギリスの状況を述べた文として誤っているものを，次の①～④から一つ選び，番号で答えなさい。

① イギリス中に鉄道網がめぐらされ，首都には地下鉄もあった。

② 奴隷貿易で利益をあげている商人が議会に進出した。

③ 「世界の工場」として，世界第一位の工業生産高があった。

④ ヴィクトリア女王の統治下で，大英帝国の繁栄期を迎えていた。

問1	(1)	(2)	(3)	(4)

問2		問3	

6 列強の帝国主義政策とアジア諸国の変容①

欧米列強はどのようにしてアジア・アフリカに進出していったのだろうか。それに対して，アジア・アフリカの人びとはどのように対応したのだろうか。

【1】 19世紀のオスマン帝国に関する次の文を読み，問1・問2に答えなさい。

オスマン帝国では，中央権力が弱体化して地方統制がゆるみ，ナポレオン戦争後にはエジプトで（　ア　）が自立した。しかし，エジプトは＠スエズ運河の建設や度重なる戦争によって債務がかさみ，経済的にはヨーロッパ諸国に従属していった。オスマン帝国の弱体化はいっそう進み，1821年から（　イ　）が独立運動を始めたが，みずからの力だけではおさえ切れず，ヨーロッパ列強の進出を招くこととなった。一方で，列強の圧力に対してオスマン帝国は（　ウ　）と呼ばれる西欧化改革を実施し，国家の再編成を目指した。結果的に西欧へ従属することになったが，この改革の結果，「新オスマン人」と呼ばれるヨーロッパの自由主義思想の影響を受けた人びとを生み出したのである。

問1　（　ア　）～（　ウ　）に入る語句を，次の①～⑤から一つずつ選び，番号で答えなさい。

①ウラービー　　②ムハンマド＝アリー　　③ギリシア　　④ワッハーブ王国　　⑤タンジマート

問2　下線部＠に関して，次の地図に示したイギリス・インドの二つの航路から読みとれるスエズ運河開通の意義を答えなさい。

地図

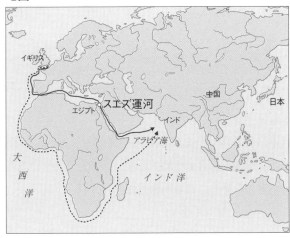

問1	ア	イ	ウ	問2	

【2】 インドの植民地化に関する次の会話文を読み，問1～問3に答えなさい。

図A

先　生：皆さんは図Aの旗を知っていますか？　中央に見慣れないものが描いてあると思うかも知れませんが，これは1931年にインドの国旗として策定されました。この旗を考案したのは，インド独立の父としても知られるガンディーです。

アキラ：確かに現在のインド国旗に似ていますね。真ん中に描いて

あるものは何でしょうか？

先　生：真ん中に描かれているのは，チャルカ(糸車)です。ガンディーは国旗にチャルカを入れることにこだわりました。なぜでしょうか？

アキラ：インドは（　ア　）の植民地だったから，それが影響しているのかなぁ。

先　生：（　ア　）で1600年に設立された（　イ　）会社は，アジア各地に拠点をおいて交易を本格化していきます。当時，ヨーロッパで需要が高かったのはインド産の（　ウ　）です。この生産に使用されていたのがチャルカになります。

アキラ：（　ウ　）やチャルカは，植民地化以前のインドの（　X　）なんですね。

先　生：そうですね，ヨーロッパは（　ウ　）を求めてインドへとやって来ます。その中でイギリスと対抗したのが（　エ　）です。ムガル帝国が衰退すると，インドの地域間抗争に両勢力は巻き込まれるようになり，両国の商館は要塞へと変化しました。そうした中，（　ア　）は1757年の（　オ　）の戦いで地元の勢力に勝利して，優勢となりました。

アキラ：（　ア　）がインドで力をつけた結果，インドではどのような変化が起こったのですか？

先　生：図Bを見てみると，19世紀に入り20年ほどで世界市場に出まわる（　ウ　）がインドから（　ア　）に（　Y　）ことが読みとれます。これは，（　ア　）のある出来事が影響しています。

アキラ：産業革命ですね。その結果，インドの綿織物の輸出が減ってしまったのですね。

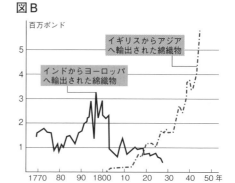

図B

問1　（　ア　）〜（　オ　）に入る語句を，次の①〜⑩から一つずつ選び，番号で答えなさい。

①イギリス　　②オランダ　　③スペイン
④フランス　　⑤綿織物　　⑥絹織物　　⑦東インド　　⑧西インド　　⑨プラッシー
⑩マラーター

問2　（　X　）（　Y　）はどのような語句が入るか。文脈から考えて答えなさい。

問3　ガンディーが国旗に込めたメッセージは何であると考えられるか答えなさい。

問1	ア	イ	ウ	エ	オ

問2	X			Y	

問3	

【3】 東南アジアの植民地化に関する次の文を読み，問1〜問4に答えなさい。

　16世紀から17世紀にかけて，ヨーロッパはアジアに香辛料などを求めて進出した。オランダは，現在の
ジャカルタである（　ア　）を拠点に香辛料の取引きを優位に進めたが，19世紀になると本土におけるベル
ギーの分離独立や，拠点がおかれていた（　Ｘ　）島での反乱などで財政が悪化した。そうした状況を立て
直そうと1830年には@ⓐ強制栽培制度が実施され，オランダは莫大な利益をあげた一方で，（　Ｘ　）島の自
給自足経済が破壊され，人びとは苦しんだ。東南アジアのその他の地域も同様にヨーロッパ列強の植民地
となり，（　イ　）が支配したマレー半島では（　ウ　）が工業生産のために採掘され，20世紀には（　エ　）
の栽培が盛んになった。例外として，東南アジアで唯一独立を守ったのがタイである。東南アジア大陸部
におけるヨーロッパ列強の植民地獲得政策は（　イ　）
と（　オ　）によっておこなわれた。タイの東には
（　オ　）の植民地が，西には（　イ　）の植民地が形成
された。帝国主義政策をめぐり対立していた両国は，
ⓑタイを植民地化しないことに合意した。

地図A

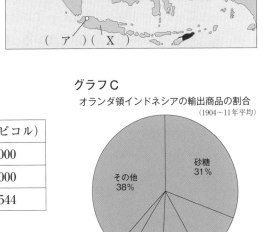

問1　（　ア　）〜（　オ　）に入る語句を，次の①〜④
　　から一つずつ選び，番号で答えなさい。
　　①バタヴィア　　②マラッカ　　③イギリス
　　④フランス　　⑤スマトラ　　⑥錫(すず)　　⑦ゴム
　　⑧米　　⑨石油

問2　地図Aで示されている（　Ｘ　）の島の名称を答
　　えなさい。

問3　下線部ⓐに関連して，表B・グラフCを参考に，
　　自給自足経済が破壊された理由を答えなさい。

表B　オランダ領東インドにおける砂糖生産

年	サトウキビ植えつけ面積（バウ）	砂糖生産量（ピコル）
1840年	44,666	752,000
1870年	54,176	2,440,000
1900年	128,301	12,050,544

グラフC
オランダ領インドネシアの輸出商品の割合
（1904〜11年平均）

砂糖 31%
その他 38%
タバコ 11%
コプラ 9%
石油 8%
コーヒー 3%

問4　下線部ⓑに関連して，地図Aを参考に，タイを植民地化しな
　　いことを決定した理由を答えなさい。

問1	ア	イ	ウ	エ	オ	問2	
問3							
問4							

【4】　列強のアフリカ進出に関する次の文を読み，問1・問2に答えなさい。

　アフリカ内陸部への関心は，ヨーロッパ諸国の宣教師や探検家たちの調査によって高められた。18世紀末から⒜イギリスで始まる奴隷貿易廃止の動きは，人道的な問題よりもむしろ経済的に釣り合わなくなったことが背景としてあげられる。産業革命をはたしたヨーロッパでは，ヤシ・ピーナッツといった原料の獲得地としての価値をアフリカに見出し，国際社会の調停をはかっていたドイツの政治家であるビスマルクを中心に，⒝植民地獲得の原則として先占権と実効支配の原則が定められた。このようなヨーロッパの動きに対して，エジプトではウラービーが「エジプト人のためのエジプト」を掲げ，スーダンではムハンマド＝アフマドが救世主を意味するマフディーを称して聖戦を唱えて戦うなど，各地で多様な抵抗運動が見られ，「アフリカ大反乱」の時代となった。こうしたアフリカ諸地域の抵抗は，第一次世界大戦以降のアフリカの民族運動の原点として評価されている。

問1　下線部⒜に関して，風刺画Aから読みとれるイギリスの政策の説明として適当なものを，次の①～④から一つ選び，番号で答えなさい。
　　①　左足がカイロ，右足がケープタウンにおかれており，イギリスがアフリカ大陸を縦断して帝国主義政策をおこなったことを示している。
　　②　左足がカイロ，右足がケープタウンにおかれており，イギリスがアフリカ大陸を横断して帝国主義政策をおこなったことを示している。
　　③　左足がケープタウン，右足がカイロにおかれており，イギリスがアフリカ大陸を縦断して帝国主義政策をおこなったことを示している。
　　④　左足がケープタウン，右足がカイロにおかれており，イギリスがアフリカ大陸を横断して帝国主義政策をおこなったことを示している。

問2　下線部⒝に関連して，こうした原則が定められて以降，ヨーロッパ諸国は積極的にアフリカの植民地化に乗り出し，これに対して各地で抵抗運動が起きた。風刺画Bを参考にして，その理由を答えなさい。

風刺画A

風刺画B

問 1		問 2	

7 列強の帝国主義政策とアジア諸国の変容②

日清戦争・日露戦争は，アジア諸国にどのような影響を与えたのだろうか。また，当時の国際秩序にどのような変化をもたらしたのだろうか。

【1】 次の日清戦争に関する授業における二人の生徒の発表を読み，問1～問4に答えなさい。

太郎さんの発表

　私は，日清戦争の複合性に注目しました。まず，7月25日の豊島沖海戦の2日前に，日本が（ ア ）の王宮を攻撃して占領しました。初期の戦場となった（ ア ）では，東学農民軍が再び蜂起しました。また，講和条約である　あ　締結後には，（ イ ）で日本の支配に対する住民の激しい抵抗があり，大規模な戦闘になりました。以上のことから，ⓐ広い意味での日清戦争は，日本と清との戦争に加え，戦争地域と戦闘相手の異なる三つの戦争をあわせ持った戦争だったといえます。

花子さんの発表

　私は，日清戦争での日本の勝利が，ⓑ東アジアの国際関係の大きな転換点の一つだったと思います。その理由は，清を中心とする東アジアの国際秩序である（ ウ ）体制が崩壊したと考えるからです。日本と清との間にあった（ ア ）をめぐる問題や（ エ ）の帰属問題も確定しました。そして，日本が（ イ ）や（ オ ）半島を獲得したことで，"帝国日本"が列強入りすることになりました。また，中国分割がいっきょに進められる契機にもなったと考えられ，まさに時代の転換点だったと思います。

問1　（ ア ）～（ オ ）に入る語句を，次の①～⑧から一つずつ選び，番号で答えなさい。

　①冊封　　②山東　　③朝鮮　　④鎖国　　⑤遼東　　⑥琉球　　⑦満洲　　⑧台湾

問2　　あ　に入る語句を漢字で答えなさい。

問3　下線部ⓐに関して，日本軍の犠牲者について右の表Aから読みとれることを，次の①～③から一つ選び，番号で答えなさい。

　①　日清戦争の戦病死者の80％以上が病死だった。

　②　（ イ ）での戦闘は病気との戦いでもあった。

　③　日清戦争より（ イ ）での戦闘の方が戦闘での犠牲者が多かった。

表A

	日清戦争	（ イ ）での戦闘
戦闘死	736人	396人
負傷死	228人	57人
病死	1658人	10236人
変死	25人	152人
合計	2647人	10841人

問4　下線部ⓑに関して，風刺画Bが描かれた前後の時期についての質問X～Zに対する答えを，次の①～⑥から一つずつ選びなさい。

　X：ⓑの漁夫の利を警戒し，ⓐに接近した国はどこか。

　Y：ⓒとフランスの戦争を背景に，ⓓで起こった開化派によるクーデタを何と呼ぶか。

　Z：福沢諭吉はⓒ・ⓓと絶縁せよと主張したが，その考え方を何と呼ぶか。

　①イギリス　　②アメリカ　　③壬午軍乱　　④甲申事変

　⑤学問のすゝめ　　⑥脱亜論

風刺画B

問1	ア	イ	ウ	エ	オ	問2	
問3		問4	X	Y	Z		

【2】 次の列強による中国分割の風刺画と，それに合わせて書き込まれた吹き出しのセリフを読み，問1〜問4に答えなさい。

（ イ ）に負けてしまい，賠償金の支払いが大変だ。

ⓔ わが国は（ ウ ）と同盟している。清との戦争では，ベトナムを保護国化した。その地域と一体化させて勢力圏を拡大させよう。

ⓘ 清に勝利した日本はきわめて危険だ。 わが国は（ ア ）分割に乗り遅れてしまったが，中国への進出では乗り遅れないぞ。

ⓐ 日清戦争では（ イ ）が勝利してくれてよかったが，（ ウ ）が南下してくると厄介だ。南アフリカでの戦争にも手を焼いていて，東アジアに展開する兵力をなんとか確保したい。

ⓞ 清に勝利したものの，列強が急速に干渉するようになってきた。

ⓤ 清から@遼東半島の旅順・大連を租借し，シベリア鉄道に接続する鉄道の敷設権も獲得できた。（ イ ）や（ エ ）を牽制して朝鮮にも影響力を拡大し，東アジアに進出したい。

問1 風刺画中のⓐ〜ⓞの人物が表す国の勢力範囲として適当なものを，地図中の①〜⑤から一つずつ選び，番号で答えなさい。

問2 （ ア ）〜（ エ ）に入る語句を，次の①〜⑥から一つずつ選び，番号で答えなさい。
①ドイツ　②イギリス　③日本　④アメリカ合衆国
⑤ロシア　⑥アフリカ

問3 下線部@の返還を要求した国として適当でないものを，次の①〜④から一つ選び，番号で答えなさい。
①フランス　②ドイツ　③ロシア　④イギリス

地図

列強の勢力圏
■① ■②
■③ ■④
■⑤
（米）アメリカ
（ポ）ポルトガル
······1905年以後の①の勢力範囲

マカオ（ポ）
フィリピン（米）

東アジアにおける列強の勢力圏

問4　列強の東アジア進出に対して，日本・朝鮮・清は変革を迫られることになったが，その説明として**適当でないもの**を，次の①〜③から一つ選び，番号で答えなさい。

①　日本では大規模な軍備拡張を進めるため，藩閥政府と政党が提携した。

②　朝鮮は国号を大韓帝国に改称し，清との宗属関係を否定した。

③　清では，皇帝専制体制の強化を目指し，憲法大綱が発表された。

問1	㋐	㋑	㋒	㋓	㋔		
問2	ア	イ	ウ	エ		問3	問4

【3】　日露戦争の授業に関する次の会話文を読み，問1〜問5に答えなさい。

先　生：**風刺画A**は@<u>日露戦争</u>をめぐる国際関係を見事に描いています。（　ア　）に立ち向かう日本を後押ししている国はどこでしょうか？

アユミ：多分，同盟国の（　イ　）です。日本を援助しているようにも，戦いに向かわせているようにも読みとれます。

先　生：（　イ　）が考えていたことは，実際は両方なんだ。**資料B**を見てごらん。日清戦争と日露戦争を比較して，戦費が8倍以上かかっていることがわかるね。これをどうやって調達したのでしょう。

エミリ：まずは増税し，国内からの借金ですか。もしかして，（　イ　）やパイプを吸っている（　ウ　）からの借金ですか。

先　生：正解です。さて，日露戦争前の国際関係は，（　イ　）と（　ア　）・フランス，そしてドイツの三極構造でした。日露戦争後は，二極構造化して三国協商と三国同盟にわかれることになります。

サトシ：日露戦争が起こり，日本が勝利した背景には日英同盟の影響が大きかったんですね。それにしても**資料B**を見ると，ⓑ<u>人びとの負担は大きかった</u>と思います。

先　生：その通り。また，日本の勝利は，ⓒ<u>他のアジア諸民族の独立運動や近代化の運動にも影響を与え</u>ました。

風刺画A

資料B

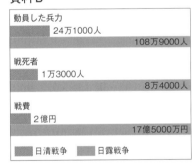

動員した兵力	
24万1000人	
	108万9000人
戦死者	
1万3000人	
	8万4000人
戦費	
2億円	
	17億5000万円

■日清戦争　　■日露戦争

問1　（　ア　）〜（　ウ　）に入る語句を，次の①〜④から一つずつ選び，番号で答えなさい。

①ロシア　　②イタリア　　③イギリス　　④アメリカ合衆国

問2　下線部@について，この戦争の講和条約の名称を答えなさい。

問3　問2の条約の内容として**適当でないもの**を，次の①〜③から一つ選び，番号で答えなさい。

①　韓国における日本の支配権の承認。

②　旅順・大連の租借権及び長春・旅順間の鉄道権益の譲渡。

③　樺太全島の割譲，沿海州の漁業権の譲渡。

問4　下線部ⓑについて，日露戦争に出征した弟を思い，「君死にたまふこと勿れ_{なか}」という詩を発表した人物の名前を答えなさい。

問5　下線部ⓒについて，次のX・Yの説明にあてはまる人物の名前を，次の①～④から一つずつ選び，番号で答えなさい。

　　X　独立を目指して維新会を結成し，日露戦争での日本の勝利に刺激を受けて，日本に留学生を送った（ドンズー運動）。しかし，フランスから要請を受けた日本政府によって取り締まりを受けた。

　　Y　日露戦争で日本が勝利すると，1905年に東京で中国同盟会を結成した。世界中の華僑に革命への協力を呼びかけ，民族の独立・民権の伸張・民生の安定の三民主義を唱えて革命運動を展開した。

　　①ホセ＝リサール　　②ファン＝ボイ＝チャウ　　③毛沢東　　④孫文

問1	ア	イ	ウ	問2		問3	
問4				問5	X	Y	

【4】　韓国併合と満洲への進出に関する次の年表を読み，問1～問5に答えなさい。

韓国支配関係	満洲支配関係
1904.2　日韓議定書	
1904.8　第1次日韓協約……（Ⅰ）	
	1905.9　ポーツマス条約
1905.11　第2次日韓協約……（Ⅱ）	
1905.12　ⓐ統監府を設置	
	1906.8　ⓑ関東都督府を設置
	1906.11　〔　Y　〕株式会社を設立
1907.7　第3次日韓協約……（Ⅲ）	1907.7　第1次日露協約
1910.8　ⓒ韓国併合条約……（Ⅳ）	
1910.10　〔　X　〕を設置	

問1　年表の事項（Ⅰ）～（Ⅳ）に関連する内容として適当なものを，次の①～④から一つずつ選び，番号で答えなさい。
　　①内政権の掌握（韓国軍隊の解散）　　　　②外交権の接収（韓国の保護国化）
　　③日本政府推薦の財政・外交顧問の採用　　④韓国の全統治権を日本へ譲渡

問2　下線部ⓐ・ⓑの機関が設置された都市を，次の①～⑥から一つずつ選び，番号で答えなさい。
　　①平壌　　②漢城　　③仁川　　④奉天　　⑤旅順　　⑥大連

問3　下線部ⓒの条約による韓国併合を受け，これを嘆いて「地図の上　朝鮮国にくろぐろと墨をぬりつつ　秋風を聴く」という短歌を詠んだ人物を，次の①～④から一つ選び，番号で答えなさい。
　　①与謝野晶子　　②魯迅　　③幸徳秋水　　④石川啄木

問4　〔　X　〕・〔　Y　〕に入る語句を，次の説明を参考にそれぞれ答えなさい。
　　〔　X　〕　朝鮮統治のため，京城に設置された。
　　〔　Y　〕　鉄道の付属地の経営も握る半官半民の国策会社。

問5 次の日韓関係に関するA～Dの出来事は，年表のどの時期に起こったものか。次の①～⑤から一つ
ずつ選び，番号で答えなさい。

A義兵闘争の激化　　B竹島の日本への編入　　Cハーグ密使事件　　D土地調査事業の開始

①（Ⅰ）以前　　②（Ⅰ）と（Ⅱ）の間　　③（Ⅱ）と（Ⅲ）の間　　④（Ⅲ）と（Ⅳ）の間　　⑤（Ⅳ）以降

問1	Ⅰ	Ⅱ	Ⅲ	Ⅳ	問2	ⓐ	ⓑ	

問3		問4	X			Y		

問5	A	B	C	D	

8 第一次世界大戦の展開

「総力戦」とはどのような戦争だったのだろうか。また，第一次世界大戦によって国際社会はどのように変わったのだろうか。

【1】 次の会話文を読み，問1〜問3に答えなさい。

先　生：図Aの絵を見たことがありますか？

タケシ：第一次世界大戦前のヨーロッパの状況を描いたものですよね。

先　生：はい。正確にはヨーロッパの（　ア　）半島の様子を風刺した1912年の作品です。当時（　ア　）半島は「ヨーロッパの（　イ　）」と呼ばれ，列強の思惑がぶつかり合う地域でした。

カナコ：ⓐ描かれている人物は，それぞれどの国を表しているのですか？

図A

先　生：例えば前列右側の人物はⓑオーストリアです。1914年に（　ウ　）人青年に帝位継承者が暗殺され，翌月（　ウ　）に宣戦布告をおこないました。その他の（　ア　）半島に利害を持つ列強も，今にも吹きこぼれそうな大鍋を必死でおさえていますね。

タケシ：ヨーロッパ諸国は問題を起こしたくなかったということですか？

先　生：そうなのです。ドイツに限っては開戦を勢力拡大の好機と捉えていたようですが，（　エ　）主義の発展によってすでにヨーロッパ諸国同士は経済的な相互依存関係を深めており，開戦には消極的でした。仮に戦争に突入したとしても，念頭にあったのは社会生活への影響が少ない短期戦でした。

カナコ：ドイツが中立国ベルギーを侵犯して（　オ　）を目指した作戦は，まさに短期決着をはかったものですよね。

先　生：はい。しかし，国際法違反のこの行為が，自動的にこの戦争をヨーロッパでの大戦争へと押しあげたといえるでしょう。

問1　（　ア　）〜（　オ　）に入る語句を，次の①〜⑩から一つずつ選び，番号で答えなさい。

①イタリア　　②フランス　　③セルビア　　④十字路　　⑤火薬庫

⑥憲兵　　⑦バルカン　　⑧クリミア　　⑨社会　　⑩資本

問2　下線部ⓐについて，図Aに描かれている国名として誤っているものを，次の①〜④からすべて選び，番号で答えなさい。

①イギリス　　②アメリカ合衆国　　③ロシア　　④イタリア

問3　下線部ⓑについて，1908年にオーストリアがある地域を併合したことが（　ウ　）の人びとの反発を招き，帝位継承者暗殺の背景ともなった。この地域の名称を答えなさい。

問1	ア	イ	ウ	エ	オ	問2	
問3							

【2】　次の図と説明文は，サトシくん・ハルナさん・ブライアンくんの３人が，第一次世界大戦に関する授業で，先生から出された**課題**に対して作成したものである。これについて**問１・問２**に答えなさい。

課題　この戦争はなぜ「世界」大戦と呼ばれるのか。写真を一つ用意して説明しなさい。

	**サトシ　タイトル：「　X　」** 　第一次世界大戦では，ヨーロッパ諸国はそれぞれ植民地の人びとを兵として戦争に動員した。この写真はイギリス首相ロイド＝ジョージが前線の（　ア　）兵を激励している様子だが，約束された戦後の自治は実現されなかった。このように，戦地で戦ったのはヨーロッパ諸国の人びとだけではなかった。
	**ハルナ　タイトル：「　Y　」** 　ドイツの潜水艦に撃沈されたイギリス客船ルシタニア号の犠牲者に，100人以上の（　イ　）人が含まれていた。この事件を機に（　イ　）世論は反独に傾き，1917年に連合国の一員として参戦した。すなわち，ヨーロッパの戦争の結果を決定づけたのは，海を越えた地にある（　イ　）の兵力・工業力・資金力であった。
	**ブライアン　タイトル：「　Z　」** 　戦火はヨーロッパ地域にとどまらず，ヨーロッパ諸国が植民地を持つアジアやアフリカにも広がった。とくに（　ウ　）がドイツ率いる同盟国側で参戦したことから，イスラーム世界にも戦火が広がった。写真の中央は，アラブ人部隊の反乱を指揮して（　ウ　）を背後から攻撃した，イギリス将校のロレンスである。

問１　（　ア　）～（　ウ　）に入る国名を，それぞれ答えなさい。

問２　３人がそれぞれ説明文につけたタイトル「　X　」「　Y　」「　Z　」の組み合わせとしてもっとも適当なものを，次の①～④から一つ選び，番号で答えなさい。

①X－活用された植民地兵　　Y－潜水艦の開発　　　　　Z－アラブ人同士の争い

②X－差別との戦い　　　　　Y－世界一の工業国の参戦　Z－アラブ人同士の争い

③X－活用された植民地兵　　Y－世界一の工業国の参戦　Z－戦局の拡大

④X－差別との戦い　　　　　Y－潜水艦の開発　　　　　Z－戦局の拡大

問1	ア	イ	ウ	問2	

【3】　次の会話文を読み，**問１・問２**に答えなさい。

トオル：図Ａは，ⓐ「総力戦」といわれる第一次世界大戦の性格を表すものだよ。

ヨウコ：総力戦ってどういう意味？

サ　キ：国家が一体となりすべての国力を動員する戦争，という意味で使われている言葉ね。

トオル：その通り。図Aでは，女性たちが軍需工場で働いているよ。総力
戦は，長期の消耗戦となり，こうした軍需工場なども攻撃にさら
されたりするため，これまでにないほど多くの民間人が犠牲にな
ったんだ。

図A

サ　キ：ドイツの侵入を受けたベルギーからは150万人規模で国外に脱出
する（　ア　）も発生したわ。民間人が大量に被害にあう。これも
ある意味で戦争の総力戦化なのよね。

ヨウコ：でも，そもそもなぜ第一次世界大戦は総力戦になったの？

サ　キ：その原因を理解するキーワードは，「（　イ　）戦」と「（　ウ　）戦」
よ。

トオル：（　イ　）戦については，兵器の開発が大きく影響しているね。開
戦当初の突撃中心の戦法から，各種砲の改良，機関銃の普及によ
って，身を守るための塹壕戦法へと変化せざるを得なかったんだ。

ヨウコ：戦争の（　イ　）化が，今度は多くの兵士，食糧や武器などの
（　ウ　）を必要とし，その供給のために国力のすべてをつぎ込ん
だってことね。

図B

サ　キ：そして，そのために重視されたのが，国民の戦意高揚なの。当時
は図Bのようなポスターが参戦各国で盛んにつくられたのよ。こ
こでは傷ついて水を求めるイギリス兵に対し，目の前で水を地面
に流すドイツ看護師が描かれているわ。

問1　（　ア　）～（　ウ　）に入る語句を，次の①～⑥から一つずつ選び，番号で答えなさい。

　　①短期　　②長期　　③物量　　④軽量　　⑤留学生　　⑥難民

問2　下線部ⓐについて，「総力戦」下の参戦国内の様子として適当でないものを，次の①～④から一つ選
び，番号で答えなさい。

　①　国内の諸政党が結束し，挙国一致体制が成立した。

　②　徴兵制が禁止された。

　③　軍需工業優先の産業体制がとられた。

　④　食糧の配給制が実施された。

問1	ア	イ	ウ	問2	

【4】　次の文はタケルくんの書いたレポートの一部である。これを読み，問1・問2に答えなさい。

タイトル：「日本と第一次世界大戦」　　　　　　　　　　　　2年1組30番　山川タケル

1．はじめに

　　日本は明治維新以来，（　ア　）に学びながら近代国家を目指してきた。それにもかかわらず，な
　ぜ（　ア　）に対して宣戦布告をしたのだろうか？

2．参戦派の主張

　右の**史料**は，日本のある政治家の提言である。こうした見方をする参戦派の主導で（　イ　）が当初の協力要請を撤回したにもかかわらず，（　ア　）に宣戦している。なぜ，そこまで強引に参戦へ舵を切ったのか。また「天祐」とは何を指すのか。戦争中の動向から考えたい。

3．日本の動向

　日本は，反発する（　ウ　）に対し二十一カ条からなる要求を突きつけ，（　ウ　）に持つ権益を強化した。ヨーロッパでの戦争に釘づけになっているヨーロッパ諸国を尻目に，日本はヨーロッパ諸国による権益分割が進んでいた（　ウ　）に進出をはたしたことがわかった。

4．まとめ

　今回調べてみて，参戦の結果，まさしく史料で述べられていた「@大正新時代の天祐」が日本にもたらされたことがわかった。

史料

「今回欧州ノ大禍乱ハ，日本国運ノ発展ニ対スル大正新時代の天祐ニシテ，日本国ハ直ニ挙国一致ノ団結ヲ以テ，此天祐ヲ享受セザルベカラズ」

（世外井上公伝より）

※天祐…天の助け。
※享受…受けとって自分のものとすること。

問1　（　ア　）～（　ウ　）に入る国名を，それぞれ答えなさい。

問2　下線部@について，タケルくんは「大正新時代の天祐」をわかりやすく示すため，資料を用意した。その資料として**適当でないもの**を，次の①～④から一つ選び，番号で答えなさい。

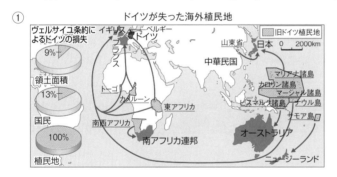

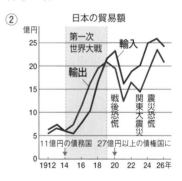

③　日本における米価の変動

④　日本の造船業の急成長

	1913年（A）	1918年（B）	B/A（倍）
造 船 業 者 数	5	52	10.4
造 船 工 場 数	6	57	9.5
造 船 台 数	17	157	9.2
工 場 労 働 者 数	2万6139	10万7260	4.1
建造汽船総トン数	5万1525	62万6695	12.2

問1	ア	イ	ウ	問2	

9 第一次世界大戦後の 国際協調体制①

第一次世界大戦はアジア諸国の経済にどのような影響を与えたのだろうか。また，第一次世界大戦中に起こったロシア革命とは，どのような革命だったのだろうか。

【1】 第一次世界大戦が日本に与えた影響に関する次の会話文を読み，問1～問6に答えなさい。

先　生：図Aは，1912年から1926年までの日本の貿易の輸出入額を表したものです。何か気づくことはありますか？

シンゴ：1914年から1919年頃まで輸出も輸入も急激に伸びています。これは第一次世界大戦の年代と重なっていますよね。

先　生：そうですね。それでは輸出と輸入の額を比べるとどうでしょうか？

シンゴ：（　Ⅰ　）額の方が多いです。ということは，貿易が（　Ⅱ　）になっている。つまり，日本は戦争で（　X　）。

先　生：その通りです。これを（　ア　）と呼んでいます。図Bは1914年と1919年の日本の産業別生産額の割合の変化を表しています。何が読みとれますか？

コウジ：総生産額が約（　あ　）倍になっています。それから（　い　）生産の割合が減って，（　う　）生産の割合が増えています。

先　生：そうですね。こうして大戦中に，産業の中心が工業へと転換していきました。それとともに都市化も進んでいきます。家庭に電気が入ったりして都市の生活水準もあがりました。

トモコ：でも，図Aでは1919年からは輸出が落ち込み，1920年からは輸入も落ち込んでいます。しかも（　Ⅲ　）額の方が圧倒的に少ないです。ということは，貿易が（　Ⅳ　）になったわけだから，日本はもうからなくなったということですね。

先　生：そういうことです。なぜ，日本はもうからなくなってしまったのでしょうか？

トモコ：それは，戦争が（　Y　）からですか。

先　生：そうです。海外からの注文が激減して，日本は不況になりました。これを（　イ　）と呼んでいます。さらに1923年には首都圏で関東大震災による（　ウ　）も起こってしまいます。

タツヤ：戦争中は景気がよかったのに，急降下ですね。国民の暮らしはどんな感じだったのでしょうか？

先　生：いい質問ですね。図Cを見て考えてください。これは1914～18年の日本の物価指数と賃金指数を表しています。

タツヤ：1916年から賃金がずいぶんあがっていきますが，それよりも物価がどんどん高くなっています。ということは，実質的な国民の収入は（　Z　）。

図A

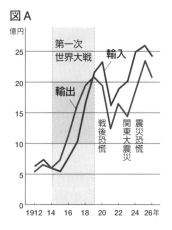

図B

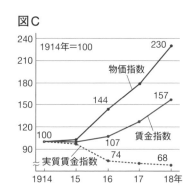

（『日本資本主義発達史年表』などより）

図C

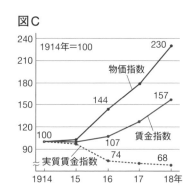

先　　生：よくわかりましたね。1918年には高騰する米価に反発する騒動が全国各地で起こりました。これが（　エ　）です。そのような状況の中で不況が追い打ちをかけます。

先　　生：図Dを見てください。これは，日本全国で起こった小作争議の件数を示したグラフです。小作争議とは，地主から農地を借りていた小作農が条件の改善を求めた争議のことです。今までの話を総合すると，何がわかるでしょうか？

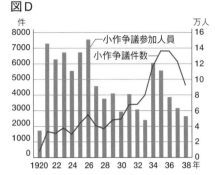

図D

ヤスコ：1921年から小作争議の件数も参加人員も激増しています。さきほど都市の生活水準があがった話はあったけれど，図Cでは日本全体の実質賃金指数は（　Z　）。ということは，（　え　）では収入はあがったけれど，（　お　）での収入はあまりあがらなかったのではないかしら？　1919年からは不況になるわけだから，さらに収入が減った小作農が争議を起こさざるを得なくなった。

先　　生：すばらしい分析です。こうした社会運動の盛りあがりには，1917年に（　オ　）で起こった社会主義革命も大きな影響を与えています。そして，人びとの政治意識の高まりは，やがて1918年の（　カ　）(人名)による本格的な政党内閣の誕生へ，1925年に実現した（　キ　）選挙制につながるのです。

問1　（　ア　）～（　エ　）に入る語句を，次の①～④から一つずつ選び，番号で答えなさい。

　　　①震災恐慌　　②戦後恐慌　　③大戦景気　　④米騒動

問2　（　Ⅰ　）～（　Ⅳ　）に入る語句を，次の①～④から一つずつ選び，番号で答えなさい(同じ番号を選んでもよい)。

　　　①輸出　　②輸入　　③黒字　　④赤字

問3　（　あ　）～（　う　）に入る数字もしくは語句を，図Bから考えて答えなさい。

問4　（　え　）（　お　）に入る語句を，次の①・②から一つずつ選び，番号で答えなさい。

　　　①農村　　②都市

問5　（　オ　）～（　キ　）に入る語句を答えなさい。

問6　（　X　）～（　Z　）に入る言葉を答えなさい。

問1	ア	イ	ウ	エ	問2	Ⅰ	Ⅱ	Ⅲ	Ⅳ

問3	あ		い		う		問4	え	お

問5	オ		カ		キ	

問6	X		Y		Z	

【2】 ロシア革命について，次の**年表**と図を見て，問1〜問4に答えなさい。

年表

1904	日露戦争が勃発（〜1905）
1905.1	血の日曜日事件が起こる……Ⅰ
1914	第一次世界大戦が勃発（〜1918）
1917.3	ロシア二月革命が起こる……Ⅱ
.11	ロシア十月革命が起こる……Ⅲ
1918	対ソ干渉戦争が始まる（〜1922）……Ⅳ
	戦時共産主義政策の開始（〜1921）……Ⅴ
1919	コミンテルンの創設……Ⅵ
1922	ソヴィエト社会主義共和国連邦の成立……Ⅶ

図A

同志　ア　は，地球からゴミを掃除する。

図B　　　　図C

問1　年表中のⅠ〜Ⅲの事件について説明した文として正しいものを，次の①〜③から一つずつ選び，番号で答えなさい。

①　ボリシェヴィキが武装蜂起して臨時政府を倒し，世界初の社会主義政権を樹立した。

②　首都ペトログラードで労働者と兵士が反乱を起こし，皇帝が退位した。

③　民主化と戦争の中止などを求める民衆のデモに対して，兵士たちが発砲した。

問2　図Aの風刺画について，（1）（2）に答えなさい。

（1）　ア　に入るのはロシア革命を主導した図Bの人物である。人物の名前を答えなさい。

（2）この風刺画は　ア　によって　イ　〜　エ　の人びとが地上から追い出されていることを意味しており，ロシア革命でどのようなことがおこなわれたかを表している。　イ　〜　エ　はどのような人びとか。次の語群から選んで答えなさい。

〔語群〕　資本家　　　王族　　　農民　　　聖職者

問3　年表中のⅣ〜Ⅵの出来事について説明した文として誤っているものを，次の①〜③から一つ選び，番号で答えなさい。

①　Ⅳの戦争で，革命に危機感をもつ連合国は，反革命派を支援してロシアに侵攻した。

②　Ⅴの政策で，ソヴィエト政権は干渉戦争を乗り切るため，国内の農民を保護した。

③　Ⅵの組織を通じて，ソヴィエト政権は世界革命のために，各国の共産主義政党を指導した。

問4　図Cは，年表中のⅦの国家成立により，制定された国旗である。これについて（1）（2）に答えなさい。

（1）国旗にある「鎌」が表している人びとを答えなさい。

（2）国旗にある「鎚（ハンマー）」が表している人びとを答えなさい。

問1	I	II	III		
問2	(1)	(2)イ		ウ	エ
問3		問4	(1)		(2)

【3】 インド・中国の経済発展についての次の文を読み，問1・問2に答えなさい。

ヨーロッパ諸国の強い影響下にあったアジア各地でも，19世紀後半から20世紀前半にかけて，現地の民族資本が成長した。

インドでは，イランからわたってきたゾロアスター教徒（パールシー）の子孫であるジャムシェトジー＝タタが，1868年に（　ア　）(現ムンバイ)で綿貿易会社を設立した。その後，綿貿易会社はホテル，紡績業，製鉄業などにも進出し，現代に続くタタ財閥を形成した。

中国では，1870年代の洋務運動の中で産業化が始まった。（　イ　）などに設けられた外国租界で働く中国商人の中から，やがて浙江財閥と呼ばれる民族資本家に成長した。

問1　（　ア　）（　イ　）に入る地名を，次の①〜④から一つずつ選び，番号で答えなさい。

　　①デリー　　②ボンベイ　　③上海　　④北京

問2　次の文は，図Aと図Bから読みとれることを説明したものである。これを読んで(1)(2)に答えなさい。

　　インドの綿糸産業は，対中国輸出において（　X　）年代後半にはイギリスを追い抜き，1900年代まで爆発的に増加していった。しかし，中国でも綿糸の国内生産量がⓐ（　Y　）年代後半には輸入を追い抜くようになり，国産綿糸が輸入綿糸を駆逐していった。

　　(1)（　X　）と（　Y　）に入る年代を，グラフから答えなさい。

　　(2)下線部ⓐの年代に，輸入綿糸が激減するきっかけとなった世界的な出来事の名称を答えなさい。

図A
イギリス・インド・日本の対中国綿糸輸出
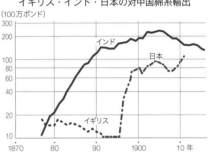

図B
中国の機械製綿糸の総供給高
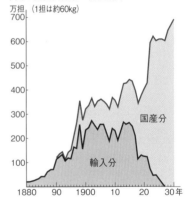

問1	ア	イ	問2	(1)X	Y	(2)

10 第一次世界大戦後の国際協調体制②

第一次世界大戦後，東アジアではどのような運動が起こったのだろうか。また，国際協調体制の中，日本はどのような役割をはたしたのだろうか。

【1】　次の先生と生徒の会話文を読み，問1〜問3に答えなさい。

先　生：今日は，「第一次世界大戦後の国際協調体制」について，日本の役割に注目しながら学習していきましょう。第一次世界大戦という出来事は，その後の世界にどのような影響を及ぼしたのでしょうか。

マナミ：アメリカ大統領の（　ア　）が民族自決を提唱して，新たな独立国が成立しました。

ユウミ：アジアの人びとの中にもナショナリズムが台頭したと，勉強しました。

先　生：よく勉強していますね。それでは，アジアの状況を表した図Aはどこの民族運動を描いたものだかわかりますか？

マナミ：人びとが手にしている横断幕に漢字が使われているから，中国だと思うな。

ユウミ：でもこの時期の朝鮮も，日本の支配下にあったから漢字が使われていたと思うわ。

先　生：確かにそうだね。それでは，漢字で何と書いてあるか読んでみましょうか。

マナミ：「北京大學」と書いてあります！　だから，やはり中国だと思います。

ユウミ：そうね。それに旧字体だけど「廢除二十一條」「廢除不平等條約」と書いてあるから，中国ね。

先　生：すばらしい読み解きですね。「二十一カ条要求」は日本の（　イ　）内閣が，中国の（　ウ　）政権に受け入れさせたものですね。当時の中国には，（　エ　）という国がありました。そういうわけで，この図は五・四運動を描いたものとわかります。それでは，図Bは，何を記念したものでしょうか？

ユウミ：中央に女性が配置されていますね。この女性が着ているのってチマ＝チョゴリじゃないかしら。それなら，朝鮮の三・一独立運動を記念したものだと思います。

マナミ：中国での出来事の2カ月ほど前に，事件が起きたんですよね。

先　生：そうです。（　オ　）の市民を中心とした民族運動は，朝鮮半島全域に波及しました。これで，日本は朝鮮半島の統治方針を修正することになりました。

図A　　　　　　　　　　北京大學

図B

問1　（　ア　）～（　オ　）に入る語句を，次の①～⑩から一つずつ選び，番号で答えなさい。

　　①ウィルソン　　②袁世凱　　③大隈重信　　④ジャクソン　　⑤蔣介石

　　⑥ソウル　　⑦田中義一　　⑧中華人民共和国　　⑨中華民国　　⑩プサン

問2　マナミさんは，あるテーマに関する出来事を**年表**にまとめてみました。この**年表**のタイトルとして
　　もっとも適当なものを，次の①～④から一つ
　　選び，番号で答えなさ
　　い。　　**図C**

①「第一次世界大戦後
　の国際協調」

②「国際平和機関の設
　立」

③「第一次世界大戦後
　の民族運動」

④「経済不況とファシ
　ズム」

年表

1919	パリ講和会議が開催される。
	三・一独立運動が起こる。
	アムリットサール事件が起こる。
	五・四運動が起こる。
	ヴェルサイユ条約が締結される。
1920	国際連盟が設立される。
	（　カ　）が非暴力・不服従の運動を提示する。
	インドネシア共産党が成立する。
1921	ワシントン会議が始まる。
1922	エジプト王国が成立する。
1925	ベトナム青年革命同志会が組織される。
	パフレヴィー朝が成立する。
1928	トルコで文字改革がおこなわれる。
1929	ニューヨークで株価の暴落が起こる。
1930	（　カ　）が「塩の行進」を開始する。

問3　（　カ　）には**図C**の人物の名前が入る。そ
　　の名前を答えなさい。

問1	ア	イ	ウ	エ	オ

問2		問3	

【2】　第一次世界大戦後の国際平和機関の設立と日本の役割についてまとめた次の文の（　ア　）～
　　（　エ　）に入る語句を答えなさい。

　　　パリ講和会議で設立が決められていた国際平和機関が，1920年に設立され
　　た。（　ア　）である。アメリカ大統領の提案が具体化したものであったが，
　　アメリカ合衆国は，（　イ　）主義の外交姿勢にこだわった議会の反対で加盟
　　しなかった。この国際平和機関の規約制定会議では，日本が人種差別撤廃を
　　盛り込む提案をしたものの，否決された。この提案の背景には，当時，増加
　　していたアメリカ合衆国における日本人移民に対する差別問題があった。こ
　　の国際平和機関で，日本は（　ウ　）国となり，右の**写真**に夫人とともに写っ
　　ている（　エ　）が事務局次長を務めた。

写真

ア	イ	ウ	エ

【3】 第一次世界大戦後にみられた国際協調体制を確立しようとする動きの背景には，アメリカ合衆国や
イギリスが日本の中国大陸への進出などの拡張政策を警戒し，日本を押さえ込もうとする意図もあった。
これに関して問1〜問3に答えなさい。

問1 次の①〜⑤の条約のうち，ワシントン会議の中で締結された条約をすべて選び，それぞれの条約の
内容として適当なものをⅠ〜Ⅴから選び，条約名と内容を組み合わせて番号で答えなさい（例：①−
Ⅰ）。解答欄は五つ用意してあるが，必要な分だけを使用しなさい。

①海軍軍備制限(軍縮)条約 　②九カ国条約 　③ラパロ条約 　④四カ国条約 　⑤ロカルノ条約

Ⅰ 国際紛争の解決は，武力によらないことを誓いあった。

Ⅱ 主力艦保有比率を決定した。

Ⅲ 中国の主権尊重を決定した。

Ⅳ 日英同盟が解消されることとなった。

Ⅴ ラインラントの非武装化を確認した。

問2 次の史料は，問1の選択肢①〜⑤のいずれかの条約文である。あてはまるものを一つ選び，番号で
答えなさい。

> 史料 （1922年2月6日調印，史料文は読みやすく改めている）
>
> 　第19条 合衆国，イギリス帝国および日本国は，以下に掲げる各自の領土および属地におい
> て要塞および海軍根拠地に関し本条約署名の時における現状を維持すべきことを約定する。
> （中略）
> 三，太平洋における日本国の下記の島嶼たる領土および属地，すなわち，千島諸島，小笠原諸島，
> 奄美大島，琉球諸島，台湾および澎湖諸島ならびに日本国が将来取得することあるべき太平洋
> における島嶼たる領土および属地。
> 前記の現状維持とは前に掲げる領土および属地において新たな要塞または海軍根拠地を建設せ
> ぬこと，海軍力の修理および維持のため現存する海軍諸設備を増大する処置をとらぬこと，な
> らびに前に掲げる領土および属地の沿岸防禦を増大しないことをいう。

問3 選挙では「正常への復帰」を訴えて当選し，ワシントン会議を主催したアメリカ大統領を，次の①〜
④から一つ選び，番号で答えなさい。

①ウィルソン 　②ハーディング 　③クーリッジ 　④フーヴァー

問1	—	—	—	—	—

問2		問3	

【4】 第一次世界大戦後の国際協調に関する次の文を読み，問1〜問3に答えなさい。

　ヨーロッパ諸国では，第一次世界大戦後も海軍増強をやめない状況が見られた。海軍軍備の制限は，こうした状況下で，軍備増強による経済の疲弊を防ぐ目的もあったのである。日本の軍部は，日本政府による軍縮交渉に不満を持っていたが，日本政府は国際協調路線を維持した。パリで締結された⒜不戦条約には日本も参加し，また⒝各国の補助艦保有比率を定めた軍縮条約を締結した。国際連盟に⒞新たに加盟が承認された国もあり，1920年代後半から30年代初めにかけて世界的にも軍縮と平和の気運が高まった。

問1　下線部⒜に関連して，日本政府は「帝国政府宣言書」を発した。なぜ，日本政府は「帝国政府宣言書」を出さなければならなかったのだろうか。次の**史料**を参考に自分の考えを述べなさい。

　　史料

不戦条約（1928年8月調印）

第1条　締約国ハ，国際紛争解決ノ為戦争ニ訴フルコトヲ非トシ，且，其ノ相互関係ニ於テ国
　　　　家ノ政策ノ手段トシテ戦争ヲ放棄スルコトヲ，其ノ各自ノ人民ノ名ニ於テ厳粛ニ宣言ス。

帝国政府宣言書（1929年6月27日）

帝国政府ハ千九百二十八年八月二十七日巴里ニ於テ署名セラレタル戦争抛棄（ほうき）ニ関スル条約第一
条中ノ「其ノ各自ノ人民ノ名ニ於テ」ナル字句ハ，帝国憲法ノ条章ヨリ観テ日本国ニ限リ適用ナ
キモノト了解スルコトヲ宣言ス

問2　下線部⒝の条約が締結された都市名を答えなさい。

問3　下線部⒞に関連して，新たに加盟が承認された国として適切なものを，次の①〜④からすべて選び，番号で答えなさい。

　　①アメリカ合衆国　　②イタリア　　③ソ連　　④ドイツ

問1	
問2	問3

**大衆社会の形成と
社会運動の広がり①**

大衆社会はどのように形成されたのだろうか。また，大衆社会が形成されたことで，人びとの暮らしや行動はどのように変化したのだろうか。

【1】　大衆の政治参加について，次の先生と生徒の会話文を読み，問1〜問5に答えなさい。

アキラ：ⓐ第一次世界大戦は，各国の国内政治にどのような影響を与えましたか。

先　生：欧米諸国では参政権の拡大や労働者の権利の要求が高まりました。イギリスでは，1928年に男女普通選挙が実現し，29年には（　ア　）が初めて第一党となりました。

ケンジ：ⓑ一般の人びとが政治に関わり始めたのですね。社会主義も影響力を増したのですか？

先　生：大戦中，ロシアでは革命が起き，（　イ　）が発足し，ドイツでは社会民主党を中心に（　ウ　）が樹立されました。

マイコ：日本ではどのような変化があったのでしょうか？

アキラ：右のグラフを見ると，日本では［　X　］ということが読みとれますね。

先　生：日本でも友愛会が（　エ　）と改称して過激化するなど，社会主義運動が活発化しました。このように民衆の運動が広がりを見せる一方で，ドイツや（　オ　）では，講和条約の内容や戦後の経済状況に不満を抱えた大衆に訴えかけて，ⓒ強権的な指導者や国家の力で国民を統合することが目指され始めました。

グラフ

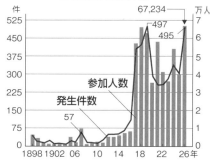

問1　下線部ⓐについて述べた文として誤っているものを，次の①〜④から一つ選び，番号で答えなさい。

①　イギリスやフランスは植民地から資金や兵力を動員した。

②　日本はドイツを中心とする同盟国側として参戦した。

③　毒ガスや戦車，飛行機などの新兵器が実戦で用いられた。

④　ドイツとの間には講和条約としてヴェルサイユ条約が結ばれた。

問2　（　ア　）〜（　オ　）に入る語句を，次の①〜⑤から一つずつ選び，番号で答えなさい。

　　①イタリア　　②ヴァイマル共和国　　③ソ連　　④日本労働総同盟　　⑤労働党

問3　下線部ⓑについて，第一次世界大戦前後の日本で，自由主義・民主主義的な風潮が高揚したことを何と呼ぶか答えなさい。

問4　グラフを見て，［　X　］に入る文として適当なものを，次の①〜④から一つ選び，番号で答えなさい。

①　第一次世界大戦中に労働争議の発生件数と参加人数が大幅に増加している。

②　第一次世界大戦後に労働争議の発生件数と参加人数が大幅に増加している。

③　第一次世界大戦中に労働争議の発生件数と参加人数が大幅に減少している。

④　第一次世界大戦前に労働争議の発生件数と参加人数が大幅に減少している。

問5　下線部ⓒのような政治運動・体制を何というか答えなさい。

問1		問2	ア	イ	ウ	エ	オ	問3	
問4		問5							

【2】　欧米における大衆消費社会の形成に関する次の**資料A・B**と**解説文**を見て，問1〜問4に答えなさい。

資料A

資料B

解説文　アメリカ合衆国は，第一次世界大戦後に国際金融市場の中心の一つとなって「永遠の繁栄」と呼ばれるほどの豊かな社会を実現した。同時代の画家ベントンが描いた「今日のアメリカ」と題する**資料A**からは，さまざまな@大衆娯楽が生まれた当時のアメリカ社会の様子をうかがうことができる。このような繁栄の一方で，ⓑ伝統的な白人社会の価値観を強調する保守的な傾向も現れていた。**資料B**は［　X　］に関連して生じた出来事である。また，急速な産業化や移民の流入という社会の変化に対応するために©学校教育がはたした役割も大きかった。

問1　下線部@について述べた文として**誤っているもの**を，次の①〜④から一つ選び，番号で答えなさい。

①　冷蔵庫や掃除機などの家電製品の普及率が向上した。

②　カラーテレビの放映が開始された。

③　ベーブ＝ルースが大リーグで活躍した。

④　ラジオの商業放送が開始された。

資料C

問2　下線部ⓑについて，当時のアメリカ社会の中心をになっていたのは，ワスプ（WASP）と呼ばれる白人中産階級であった。WASPの"P"とは何の頭文字か答えなさい。

問3　［　X　］に入る語句を，次の①〜④から一つ選び，番号で答えなさい。

①世界恐慌の発生　　②禁酒法の制定
③ドーズ案の採択　　④移民法の制定

問4　下線部©について，20世紀初頭のアメリカ合衆国において学校教育がはたした役割を，**資料C**を参考にして答えなさい。

問1		問2		問3		問4	

【3】 第一次世界大戦後の世界で見られた女性の地位向上について，次の先生と生徒の会話文を読み，問1～問4に答えなさい。

アキラ：第一次世界大戦を経て，各国の社会ではどのような変化がありましたか。

先　生：欧米諸国では，大戦後に女性の地位向上を目指す動きが活発化しました。イギリスでは，1918年の第4回［　X　］により，30歳以上の女性に選挙権が認められました。

ショウ：日本ではどのような動きがありましたか？

先　生：右の**写真**と**資料文**を見てください。**写真**の女性は，日本の女性解放運動の先駆者として活躍した人物です。**写真**下にある文章は，この人が書きました。

マイコ：この人は（　ア　）さんですよね。

先　生：その通り。彼女は1911年に文学者団体の（　イ　）を設立し，女性の権利獲得を目指して活動を開始しました。**資料文**は，この組織が女性のみで刊行した雑誌の発刊の辞です。**資料文**を見て何か気づくことはありますか？

ケンジ：もともとは（　あ　）のような存在だった女性が，当時は（　い　）のような存在になっていたということから，女性の地位が恵まれていなかったことが読みとれます。

イサオ：当時の女性がおかれた状況をよく表現していますね。この運動はその後，どうなったのですか。

先　生：第一次世界大戦後の1920年には（　ア　）と（　ウ　）らが（　エ　）を設立し，ⓐ参政権の要求などをおこないました。

資料文

元始（げんし）、女性は実に（　あ　）であった。真正の人であった。

今、女性は（　い　）である。他に依って生き、他の光によって輝く、病人のような蒼白い顔の（　い　）である。……

私共は隠されて仕舞（しま）った我が（　あ　）を今や取戻（とりもど）さねばならぬ。

問1　［　X　］に入る語句を考えて答えなさい。

問2　（　ア　）～（　エ　）に入る語句を，次の①～④から一つずつ選び，番号で答えなさい。

①市川房枝　　②新婦人協会　　③青鞜社　　④平塚らいてう

問3　**資料文**および会話文の（　あ　）（　い　）には「元始」の女性と「今」の女性に関して，その時々の女性の姿を象徴する語句が入る。それぞれの語句を答えなさい。

問4　下線部ⓐに関連して，おもな国の女性参政権の獲得年を表わした右の**年表**を見て，日本が入る位置を①～④から一つ選び，番号で答えなさい。

年表　女性参政権の獲得年

年	国
1917	①
1918	イギリス
1919	オーストリア・ドイツ・②
1920	③
1945	イタリア・④

問1			問2	ア	イ	ウ	エ
問3	あ	い	問4				

大衆社会の形成と 社会運動の広がり②

第一次世界大戦後の東アジアの大衆はどのようなことを求めていたのだろうか。とくに，日本の大正デモクラシーとは，どのような風潮だったのだろうか。

【1】　次の会話文を読み，問1〜問4に答えなさい。

生徒X：**資料A**の中央に描かれた人物は，「（　あ　）」と書かれた大きな荷物を背負っています。

先　生：この図は，ある時代の風刺画です。

生徒Y：（　あ　）は，いつの時代もあるのですね。いつの時代の図ですか。

先　生：日露戦争中からその後に描かれました。

生徒X：どうして，このような図が描かれたのですか。

生徒Y：日本は，日露戦争で勝利しますが，戦時中から政府は，戦費を捻出するため，さまざまな税を新設したと聞いたことがあります。

生徒X：戦争には，お金が必要ということですね。政府が（　あ　）をおこなおうとすると，人びとの反発が起こりそうですが，この時はどうだったのですか。

生徒Y：確か，ⓐ日露戦争後の講和条約であるポーツマス条約において，賠償金がとれなかったことや戦時中からの（　あ　）に対する人びとの反発を背景に（　ア　）が発生したんですよね。

先　生：その通り。

生徒Y：そしてこの事件は，選挙権がないため，自分たちの意見を政治に反映することができない職人や都市下層の人びとが，（　あ　）など，生活に対する不満を訴えるために行動を起こしたとも聞きました。

生徒X：なるほど。選挙権を持たない人も自分たちができる方法で政治に意見を反映させようと動き始めたんですね。

先　生：その通り。このような動きを一般にデモクラシーと呼びます。そして，この時代のそのような動きを……

生徒X：あっ待って……。答えます。「（　イ　）」と呼ぶんですよね。

資料A

問1　（　あ　）に入る語句を，**資料A**から抜き出して答えなさい。

問2　（　ア　）（　イ　）に入る語句を，次の①〜④から一つずつ選び，番号で答えなさい。

　　　①大正デモクラシー　　②自由民権運動　　③米騒動　　④日比谷焼打ち事件

問3　下線部ⓐの講和条約によって，日本はロシアから領土を獲得した。日露戦争後の両国の国境を示した地図として適切なものを，次の①〜④から一つ選び，番号で答えなさい。

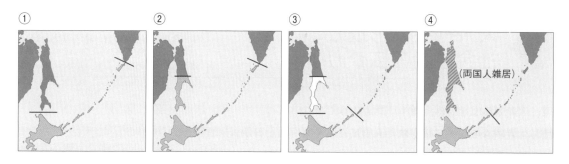

① ② ③ ④

(両国人雑居)

問4　会話文の下線部ⓐに関連して，右の絵は，イギリスが，日本をけしかけ，ロシアが焼いている栗をとらせようとしている様子で，焼かれている栗はある国を表している。栗が表している国はどこか答えなさい。

問1		問2	ア	イ	問3		問4	

【2】　次の**写真A・B**と説明文を見て，問1〜問4に答えなさい。

写真A

写真B

衆議院

説明文

　写真Aと**写真B**は，同時期に，同じ場所を写したものです。**写真A**には「大正二年二月十日」とあり，場所は**写真B**からわかるように，ⓐ衆議院の周辺です。集まった人びとは，ⓑ2個師団増設問題によって総辞職した（　ア　）内閣にかわって，内大臣兼侍従長で長州出身の（　イ　）が内閣を組織したことに反発し，「　あ　」「閥族打破」を訴えました。その結果，（　イ　）内閣は，民衆の直接行動によって退陣しました。この運動を先導したのは，ジャーナリストや実業家，そして政党に属する政治家でした。この出来事は，日本において民衆の直接行動などによって政権が交代した初めての例となりました。

問1　下線部ⓐに関連して，この時代の帝国議会は二院制であった。衆議院と並ぶもう一つの議院の名称を答えなさい。

問２　下線部ⓑの２個師団増設を陸軍が求めたのには，東アジアで起きたある出来事の影響があった。その出来事としてもっとも適切なものを，次の①～④から一つ選び，番号で答えなさい。

①辛亥革命　②甲午農民戦争　③義和団事件　④満洲事変

問３　「　あ　」に入る語句を，次の①～④から一つ選び，番号で答えなさい。

①全面講和　②無条件降伏　③憲政擁護　④憲法改正

問４　（　ア　）（　イ　）に入る語句を，次の①～④から一つずつ選び，番号で答えなさい。

①山県有朋　②西園寺公望　③岩倉具視　④桂太郎

問1		問2		問3		問4	ア	イ

【３】　次の図と説明文を読み，問に答えなさい。

図

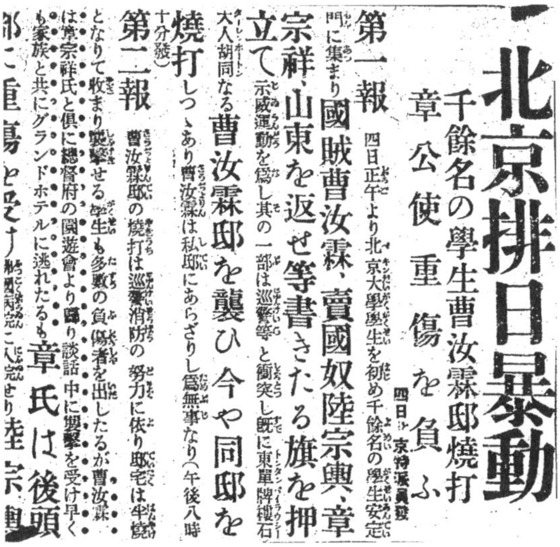

北京排日暴動
千餘名の學生曹汝霖邸燒打
章公使重傷を負ふ
四日北京特派員發
第一報　四日正午より北京大學學生を初め千餘名の學生安定門に集まり國賊曹汝霖、賣國奴陸宗輿、章宗祥、山東を返せ等書きたる旗を押立て示威運動を爲し其の一部は巡警等と衝突し既に東單牌樓石大人胡同なる曹汝霖邸を襲ひ今や同邸を燒打しつゝあり曹汝霖は私邸にあらざりし爲無事なり（午後八時十分發）
第二報　曹汝霖邸の燒打は巡警消防の努力に依り邸宅は半燒となりて收まり襲撃せる學生も多數の負傷者を出したるが曹汝霖は章宗祥氏と倶に總督府の園遊會より歸り談話中に襲撃を受け早くも家族と共にグランドホテルに逃れたるも章氏は後頭

説明文

図は，1919年５月６日の『東京朝日新聞』の記事である。「北京排日暴動」とタイトルがついており，北京で５月４日に大学生を中心にして（　ア　）運動が起きたことを報じている。

1919年には，第一次世界大戦を終結させる講和会議が，フランスのパリで開催された。中国はこの会議に参加し，日本の二十一カ条の要求によって結ばれた取り決めの撤回を求めたが認められず，日本が多くの利権を手に入れることになっていた。そのため，この運動が起こり，中国は（　イ　）条約の調印を拒否した。

講和会議で，民族自決が議論されたことにより，アジア各地では民族運動が活発化した。朝鮮でも独立の機運が高まる中で（　ウ　）運動が起こり，朝鮮全土に広がった。

このように民族運動が活発化する中で，1925年には中国で帝国主義に反対する（　エ　）運動が起こり，全国的にストライキなどの抗議活動が広く展開された。

中国では，この時期に西欧の文化を紹介し，儒教道徳や封建的な思想を打破しようとする運動が展開された。陳独秀は雑誌（　オ　）を創刊して，古い社会を支える儒教を批判した。また，胡適はわかりやすい口語体による文学を主張して（　カ　）運動を展開したり，（　キ　）は『阿Ｑ正伝』などを通して古い社会と人びとの意識を批判した。

問　（　ア　）～（　キ　）に入る語句を，次の①～⑥から一つずつ選び，番号で答えなさい。

①ヴェルサイユ　②魯迅　③五・四　④白話　⑤『新青年』　⑥三・一独立　⑦五・三〇

問	ア	イ	ウ	エ	オ	カ	キ

13 国際協調体制の動揺①

世界恐慌に対して，列強はどのような対応をしたのだろうか。また，それは第一次世界大戦後の国際協調体制にどのような影響を与えたのだろうか。

【1】 世界恐慌とアメリカ合衆国の対応について説明した次の文を読み，問1～問4に答えなさい。

1929年10月，ニューヨークの株式市場で株価の大暴落が起こった。**写真A**は，株価暴落により混乱する（　ア　）の様子を撮影したものである。アメリカ合衆国は空前の恐慌にみまわれ，およそ1300万人が失業した。

ヨーロッパ諸国も，アメリカ合衆国からの資本や借金に依存していたため，恐慌は国境を越えて広がり，世界恐慌と呼ばれるようになった。ドイツも世界恐慌の影響を受けて，第一次世界大戦の賠償金も払えなくなり，1931年にアメリカ合衆国の共和党の（　イ　）大統領が，ドイツの賠償金・戦債の支払いを1年間停止したが，あまり効果はあがらなかった。

写真A

写真B

こうした中，1932年におこなわれた大統領選挙で民主党の（　ウ　）が勝利した。この大統領は（　エ　）政策を実施し，失業者対策として，テネシー川流域の大規模開発を実施するなど，〔　Ⅰ　〕政策をとった。また，農業調整法（AAA）を制定して，農作物の生産量を減少させ，〔　Ⅱ　〕，農家の収入増をはかった。**写真B**のように，失業者には〔　Ⅲ　〕一方で，農地をつぶしたり，牛や豚を殺したりしたため，人びとの批判が集まった。

問1　（　ア　）～（　エ　）に入る語句を，次の①～⑩から一つずつ選び，番号で答えなさい。

　　①ブロードウェイ　　②ウォール街　　③タイムズスクエア　　④ハーディング

　　⑤セオドア＝ローズヴェルト　　⑥フランクリン＝ローズヴェルト　　⑦フーヴァー

　　⑧ネップ　　⑨モラトリアム　　⑩ニューディール

問2　〔　Ⅰ　〕に入る語句を，次の①～④から一つ選び，番号で答えなさい。

　　①公共事業を増やす　　②公共事業を減らす　　③紙幣の発行量を増やす

　　④紙幣の発行量を減らす

問3　〔　Ⅱ　〕に適する語句を，前後の文から考えて答えなさい。

問4　〔　Ⅲ　〕に適する語句を，**写真B**を見て答えなさい。

問1	ア	イ	ウ	エ	問2	
問3						
問4						

【2】　各国の世界恐慌の対応に関する，次の先生と生徒の会話文を読み，問1〜問4に答えなさい。

生徒：アメリカ合衆国以外の国々は，世界恐慌にどのように対応したのですか。

先生：イギリスやフランス，アメリカ合衆国といった植民地や勢力圏を持つ国々は，自国の産業を守るために，他国の輸入品にかける（　Ⅰ　）しました。

生徒：その結果，輸入品の（　Ⅱ　）するのですね。そうすると，自国の商品が国内で流通するようになるわけですね。

先生：さらに，植民地で原材料を仕入れ，製品を売るわけです。こうして国際的な経済から，あえて自国の経済圏を囲い込むように切り離すのです。このような経済圏を経済ブロックといいます。

生徒：すべての国でそのような政策をとったら，世界的に貿易ができなくなってしまい，結果的に景気が悪くなりそうです。

先生：実際に，このような自国優先の保護貿易主義の動きが高まったことで，世界全体の不況がさらに加速したという指摘もあります。また，経済基盤が弱い国家は，ますます苦境におちいりました。

生徒：どの国も余裕がなかったのでしょうか？　互いに助けあえなかったとは。（　Ⅲ　）の動きも芽ばえていたというのに，非常に残念ですね。

問1　会話文の（　Ⅰ　）（　Ⅱ　）に入る語句を，次の①〜④から一つずつ選び，番号で答えなさい。

　　①関税を高く　　②関税を低く　　③値段が上昇　　④値段が下落

問2　世界恐慌時のソ連の指導者の名前を，次の①〜④から一つ選び，番号で答えなさい。

　　①レーニン　　②トロツキー　　③スターリン　　④フルシチョフ

問3　（　Ⅲ　）には，第一次世界大戦後に，各国で連携して世界の諸課題を解決しようという動きを表す語句があてはまる。（　Ⅲ　）に入る語句を，次の①〜④から一つ選び，番号で答えなさい。

　　①国際協調　　②勢力均衡　　③孤立主義　　④帝国主義

問1	Ⅰ	Ⅱ	問2		問3	

【3】　世界恐慌への日本の対応について説明した次の文を読み，**問1**・**問2**に答えなさい。

　日本では，1931年12月に犬養毅内閣が成立し，（　Ⅰ　）大蔵大臣のもとで恐慌からの脱出がはかられた。

　また，ⓐ金輸出再禁止・金兌換停止令を実施し，日本は管理通貨制度に移行した。**グラフA**にあるように，日本円の為替相場が下落し（　Ⅱ　）が進んだ。（　Ⅱ　）が進めば，海外における日本産の製品が安くなるため，輸出が有利になる。

　その結果，**グラフB**のように，（　Ⅲ　）の輸出がとくに伸びていることがわかる。（　Ⅲ　）の原材料は綿花であり，**表C**を見ると多くを（　Ⅳ　）に頼っていることがわかる。（　Ⅱ　）が進むと，綿花のような産品の値段が高くなり，原材料の高騰が問題になる。ここに日本の恐慌対策の限界があった。

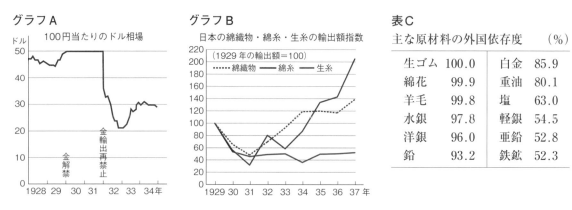

グラフA　100円当たりのドル相場

グラフB　日本の綿織物・綿糸・生糸の輸出額指数（1929年の輸出額＝100）……綿織物　—綿糸　—生糸

表C
主な原材料の外国依存度　　　（％）

生ゴム	100.0	白金	85.9
綿花	99.9	重油	80.1
羊毛	99.8	塩	63.0
水銀	97.8	軽銀	54.5
洋銀	96.0	亜鉛	52.8
鉛	93.2	鉄鉱	52.3

問1　下線部ⓐに関連して，これより前の1930年に金輸出を解禁した時の首相の名前を，次の①～④から一つ選び，番号で答えなさい。

　　①原敬　　②田中義一　　③浜口雄幸　　④若槻礼次郎

問2　（　Ⅰ　）～（　Ⅳ　）に入る語句を，それぞれの選択肢から一つずつ選び，番号で答えなさい。

　　（　Ⅰ　）　①松方正義　　②井上準之助　　③高橋是清

　　（　Ⅱ　）　①円高　　②円安

　　（　Ⅲ　）　①綿織物　　②綿糸　　③生糸

　　（　Ⅳ　）　①日本の国産　　②海外からの輸入　　③海外への輸出

問1		問2	Ⅰ	Ⅱ	Ⅲ	Ⅳ

【4】 世界恐慌が国際関係に与えた影響について，問1・問2に答えなさい。

問1 世界恐慌に関して，次の〈コメント〉を読み，アメリカ合衆国・イギリス・ドイツ・日本の工業生産力を示したグラフAのうち，アメリカ合衆国と日本を示したものを，グラフ中の①～④から一つずつ選び，番号で答えなさい。

〈コメント〉
● 世界恐慌が始まったアメリカ合衆国の工業生産力は恐慌前の半分ほどまでに停滞した。恐慌対策の効果は限定的だったが，国民の不安は軽減した。南北アメリカにドル経済圏を形成した。
● イギリスは，スターリング＝ブロック（ポンド＝ブロック）と呼ばれるブロック経済圏を形成し，国際的な不況の影響をある程度緩和した。
● アメリカ合衆国の資本に依存していたドイツは，深刻な不況となったが，ヒトラー政権の政策により急激な生産力の回復が見られた。また，東欧を自国の経済圏に組み入れた。
● 日本は，財政支出と輸出促進により，資本主義諸国の中で，いち早く恐慌から脱した。満洲に進出し，円ブロックに組み入れた。

グラフA

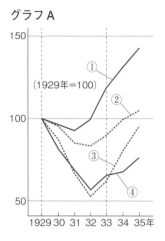

問2 次の地図Bは世界恐慌後の各国の経済圏（経済ブロック）を示したものである。
地図中の[X]～[Z]に入る国名を答えなさい。

地図B

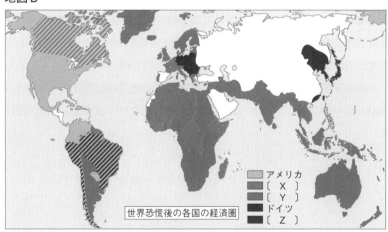

世界恐慌後の各国の経済圏

凡例：アメリカ／[X]／[Y]／ドイツ／[Z]

問1	アメリカ	日本	問2	X	Y	Z

14 国際協調体制の動揺②

世界恐慌に対して，日本・ドイツ・イタリア，そしてソ連はどのような政策をとったのだろうか。また，その政策はどのような出来事を引き起こしていくのだろうか。

【1】 次の会話文を読み，問1〜問4に答えなさい。

先　生：今日は昭和恐慌と日中戦争の話をしましょう。アメリカ合衆国のニューヨーク・ウォール街で始まった世界恐慌が，日本経済にも大きな影響を与えました。**グラフA**を見てください。

タクヤ：それまでずっと輸出量が増えていた生糸ですが，（　ア　）年から輸出が落ち込んでいますね。

先　生：お，よく気がつきましたね。この年は世界恐慌が起こった年です。生糸は当時の日本の最大輸出品であり，おもにアメリカ合衆国に輸出されていました。アメリカ合衆国が不景気になって日本の生糸を買わなくなったので，輸出量が落ち込んだのです。

ゴロウ：輸出が落ち込むと，日本人の生活にどんな影響があったのでしょうか？

先　生：生糸は蚕の繭玉からつくられます。当時の日本では蚕を飼うこと(養蚕)が農家の貴重な現金収入源であり，生糸をつくる製糸業が日本の重要な産業でした。そのため，生糸の輸出が落ち込んだことで，農民も製糸業の労働者も貧しくなりました。とくに東北の農村の貧しさは深刻でした。

タクヤ：解決法はなかったのでしょうか？

先　生：解決法はいろいろと模索されました。例えば，**写真B**の人物が蔵相として金輸出再禁止をおこない，円安を誘導して輸出を伸ばしたことで徐々に景気は回復していきました。しかし，国民の間では政治に対する不満が高まり，国民の期待を受けた軍部が暴走する結果となりました。

ゴロウ：ⓐ五・一五事件とか，二・二六事件とかがありましたね。

先　生：そうです。とくに二・二六事件では**写真B**の人物を含む政治家らが殺害され，誰も軍部を批判できない空気が生まれました。

タクヤ：満洲事変もこの時期に起こったんですか？

先　生：そうです。関東軍が中国東北地方の満洲を占領して，そこに満洲国をつくりました。当時，多くの日本人がⓑ農村の貧困問題の解決策を満洲に求めたので，関東軍のこの行動は国民の支持を得ました。

ゴロウ：でも，結果的に国際連盟を脱退して，日本は孤立していきましたよね。

先　生：その通りです。この頃から，日本は後戻りのできない戦争への道に突入していくことになるのです。

グラフA

日本・中国・イタリアの生糸輸出量

万トン

写真B

64

問1　（　ア　）に入る年代を答えなさい。

問2　写真Bの人物の名前を，次の①〜④から一つ選び，番号で答えなさい。

　　①大隈重信　　②原敬　　③田中義一　　④高橋是清

問3　下線部ⓐの事件の説明として正しいものを，次の①〜④から一つ選び，番号で答えなさい。

　　①　日本軍が中国山東省の済南に出兵し，中国国民党軍と衝突した事件である。

　　②　海軍の青年将校たちが犬養毅首相を殺害した事件である。

　　③　陸軍の一部青年将校たちによるクーデタ未遂事件である。

　　④　浜口雄幸首相が東京駅で右翼青年に狙撃された事件である。

問4　下線部ⓑに関連して，日本の農村の貧困問題の解決策として満洲が必要とされた理由を，「農村の過剰人口」というキーワードを用い，資料Cを参考にして答えなさい。

資料C

問1		問2		問3	
問4					

【2】　ある人物に関する次の文を読み，問1・問2に答えなさい。

　　　　　私は中国の浙江省出身で，軍人になるつもりだった。それで，日本の東京振武学校に留学した。その後，日本の陸軍将校として働いていた時期もある。しかし，1911年に中国で（　ア　）革命が起こると，私も革命に参加するため，帰国した。その後，中国国民党の創始者である（　イ　）先生のもとで働いた。（　イ　）先生は，革命を遂行するための国民党軍の育成が必要だと考え，黄埔軍官学校を創設された。その学校の校長には軍人経験のある私が就任した。私は（　イ　）先生のために国民党軍を育て，先生の死後に国民党の実権を握ると，中国統一のための北伐を開始した。1928年に北伐を完了したが，（　ウ　）が率いる中国共産党が国民党に抵抗し続けていた。それを打倒するために（　エ　）に赴いたところ，部下の（　オ　）に捕えられ，共産党と和解して日本と戦うことを約束させられた。私は元来，日本には親しみを覚えていたが，当時の日本は満洲国を建国し，中国との衝突は避けられなかった。1937年に北京の（　カ　）で起こった両軍の衝突によって日中戦争が始まった。当時の国民党の本拠地であった（　キ　）は日本軍に奪われ，日本軍による虐殺がおこなわれた。その後，私は内陸部の（　ク　）に1946年まで拠点を移し，日本との戦争を続けた。

問1　この人物の名前を答えなさい。

問2 （ ア ）～（ ク ）に入る語句を，次の①～⑧から一つずつ選び，番号で答えなさい。

①孫文　　②重慶　　③南京　　④辛亥　　⑤西安　　⑥張学良　　⑦毛沢東　　⑧盧溝橋

問1		問2	ア	イ	ウ	エ	オ	カ	キ	ク

【3】　次の3人の**人物**のセリフを読み，（ ア ）～（ ケ ）に入る語句を，あとの①～⑨から一つずつ選び，番号で答えなさい。

人物

　私はソ連の指導者（ ア ）だ。レーニンの死後に政敵（ イ ）を倒して独裁的な権力を握り，一国社会主義路線を推進した。ソ連は（ ウ ）を順調に進めて，工業力の増強に成功した。

　私は（ エ ）党の党首であり，イタリアの首相（ オ ）だ。私がつくりあげた体制がファシズムと呼ばれることになったのは，（ エ ）党の名前に由来している。私は祖国をソ連の共産主義から守るために政権の座についた。

　私は（ カ ）党の指導者であり，ドイツ総統の（ キ ）だ。私はドイツの栄光を取り戻すため，権力の座について（ ク ）人を絶滅させる計画を実行に移した。世界を共産主義の脅威から守るためにイタリアや日本に接近し，1937年に（ ケ ）を結んだ。

①ムッソリーニ　　②ユダヤ　　③五カ年計画　　④ファシスト　　⑤ヒトラー
⑥三国防共協定　　⑦スターリン　　⑧トロツキー　　⑨ナチ

ア	イ	ウ	エ	オ	カ	キ	ク	ケ

【4】 国際連盟に関する次の**年表**と**写真A～D**を見て，**問1～問4**に答えなさい。

年表

1918年	アメリカ大統領ウィルソンが「十四カ条の平和原則」を発表し，平和のための国際機関の創設を呼びかける。
1919年	ヴェルサイユ条約が締結され，国際連盟の設置が決定される。
1920年	国際連盟がスイスのジュネーヴを本部にして設立される。アメリカ合衆国・ソ連・ドイツは加盟せず，イギリス・フランス・イタリア・日本が常任理事国となる。
1926年	ドイツが国際連盟に加盟し，常任理事国となる。
1931年	ⓐ満洲事変が勃発する。
1933年	ⓑ日本・ドイツが国際連盟を脱退する。
1934年	ソ連が国際連盟に加盟し，常任理事国となる。
1935年	イタリアのエチオピア侵攻に対して，国際連盟が経済制裁を実施する。
1936年	フランコがスペイン内戦を起こし，ⓒドイツがフランコを支援する。
1937年	イタリアが国際連盟を脱退する。
1939年	第二次世界大戦が勃発する。国際連盟がフィンランド侵攻を理由に，ソ連を除名する。

写真A

写真B

写真C

写真D

問1 **年表**の下線部ⓐに関連するⅠ～Ⅳの事件を，年代順に並べなさい。

Ⅰ 蔣介石に敗れた軍閥張作霖が，奉天に戻る途中の列車を関東軍に爆破され，死亡する。

Ⅱ 張作霖の息子張学良が蔣介石に降伏し，蔣介石の北伐が完成する。

Ⅲ 清朝最後の皇帝である溥儀が執政となり，満洲国が成立する。

Ⅳ 関東軍が奉天郊外の柳条湖で鉄道を爆破し，張学良軍の仕業であるとして，満洲を制圧する。

問2 下線部ⓑについて，（1）（2）に答えなさい。

（1）日本が国際連盟を脱退した理由について，生徒たちが出した意見のうち正しいものを，次の①～④から二つ選び，番号で答えなさい。

意見①	意見②	意見③	意見④
写真Aのリットン調査団が満洲事変を日本の侵略だと結論づけたから，日本は脱退したんだよね。	日本より先にイタリアが国際連盟を脱退しているから，日本も脱退しやすかったんだろうね。	**写真B**の新聞記事のように，国際連盟脱退に肯定的な日本の世論が，脱退を後押ししたに違いない。	脱退の前に日本では二・二六事件が起こっているから，政治家が脱退に反対できなかったのね。

（2）ドイツはヴェルサイユ条約の破棄を宣言し，国際連盟を脱退した。ドイツがおこなった政策として**適当でないもの**を，次の①～④から一つ選び，番号で答えなさい。

①賠償金支払いの停止　　②再軍備　　③帝政の復活　　④オーストリアの併合

問3 下線部ⓒに関連して，ドイツ軍がスペインの都市を無差別爆撃したことに対して，スペインの画家ピカソが絵を描いて抗議した。その絵として適当なものを**写真C・D**から一つ選び，その作品名になったスペインの都市名を答えなさい。

問4 国際連盟は国際平和のための機関として設立されたが，第二次世界大戦の勃発をとめることができなかった。国際連盟が十分に機能しなかった理由を，（1）加盟しなかった国，（2）常任理事国，（3）制裁方法，の3点から答えなさい。

問1	→ → →	問2	(1) ┊	(2)

問3	写真	都市名		

問4	(1)
	(2)
	(3)

15 第二次世界大戦①

ヨーロッパとアジアの戦争は，どのように拡大して第二次世界大戦になっていったのだろうか。また，戦時下の人びとの生活はどのようなものだったのだろうか。

【1】 次の図に関する文を読み，問1～問3に答えなさい。

図は1938年にイギリス・（　ア　）・ドイツ・イタリアの首脳が，ドイツのミュンヘンに集まって開かれた会談を描いた風刺画である。ⓐヒトラーが率いるドイツは1933年に国際連盟脱退を通告し，1935年には再軍備を宣言した。さらに1938年にはオーストリアを併合し，その後ドイツ人が多く居住する（　イ　）の一部割譲を要求した。ⓑイギリスや（　ア　）は戦争になることを恐れて，この会談でドイツの要求を認めた。

図

しかし，ドイツは会談の了解を無視し，軍を送って翌年（　イ　）を解体して，さらなる領土の拡大をはかった。一方，この会談に実際には招かれなかった（　ウ　）は，イギリス・（　ア　）の外交に疑念を抱き，第一次世界大戦以前の国土の回復を目指して，1939年にドイツと不可侵条約を締結した。

問1　（　ア　）～（　ウ　）に入る国名の組み合わせとして適当なものを，次の①～④から一つ選び，番号で答えなさい。

① ア－アメリカ合衆国　　イ－チェコスロヴァキア　　ウ－フランス
② ア－フランス　　　　　イ－ポーランド　　　　　　ウ－ソ連
③ ア－アメリカ合衆国　　イ－ポーランド　　　　　　ウ－フランス
④ ア－フランス　　　　　イ－チェコスロヴァキア　　ウ－ソ連

問2　下線部ⓐのヒトラーについての説明として正しいものを，次の①～④から二つ選び，番号で答えなさい。

① みずから率いたナチ党は，世界恐慌がドイツに波及する中で，人びとの不満を背景に議席を増やした。
② 道路建設などの大規模公共事業や軍備の拡大をおこない，国内の失業者問題の解消に成功した。
③ ヴェルサイユ条約の遵守を掲げて，イギリスとの友好関係を築こうとした。
④ 国民福祉や余暇活動を重視するなどの政策によって，共産党や共産主義者から支持を得た。

問3　下線部ⓑのような，協議と譲歩によって軍事的な衝突を避けようとする外交政策のことを何というか答えなさい。

問1		問2		問3	

【2】　次の文を読み，問1・問2に答えなさい。

写真A

写真B

写真C

　写真Aは，（　ア　）で1998年に発行された，建国50周年の記念切手である。肖像となっている5人のうち右から2番目に杉原千畝という日本の外交官がいる。杉原は第二次世界大戦中の1940年に，赴任していたリトアニアで，ヨーロッパ各地から逃れてきた難民に日本通過ビザを発給し，彼らの亡命を援助した。難民の多くは（　イ　）人であった。なぜ（　イ　）人は難民としてリトアニアに逃れてきたのだろうか。

　では次に写真Bを見てみよう。これは1943年に（　ウ　）の首都ワルシャワで撮影されたものである。（　ウ　）は1939年にドイツの侵攻を受けた国で，これが第二次世界大戦の開戦のきっかけとなった。銃を向けられて手をあげて歩いている人びとの様子が写っている。ゲットーと呼ばれる，隔離された居住地で生活していた（　イ　）人たちが，ナチ党によって住む場所を追われて引き立てられていく様子である。ナチ党はドイツ民族の優位性を唱えるとともに，ドイツ国内や占領地に住む（　イ　）人を差別し，迫害した。こうした迫害から逃れるために，多くの人びとが難民として各地に逃れていった。写真Bの彼らはその後，どのような扱いを受けたのだろうか。多くの場合，貨車に乗せられて写真Cのような（　エ　）に移送され，劣悪な環境下で重労働を課された。写真Cは（　ウ　）南部のアウシュビッツに建設されたものです。さらに1942年以降は「最終解決」と呼ばれる（　イ　）人絶滅策のもと，ガス室などで殺害された。この@ナチ党による虐殺で，600万人ともいわれる人びとの命が失われた。このように激しい迫害を受けた（　イ　）人は世界各地で難民となっていたが，第二次世界大戦後の1948年，彼らはアラブ人の住むパレスティナに（　ア　）の建国を宣言した。

問1　（　ア　）〜（　エ　）に入る語句を答えなさい。

問2　下線部@のことを何というか。カタカナで答えなさい。

問1	ア	イ	ウ	エ
問2				

【3】　次の文を読み，問1～問3に答えなさい。

写真A

　写真Aは1940年9月にベルリンで調印された日本・ドイツ・
（　ア　）の3カ国による条約が成立し，それを祝う東京の記念
式典の様子である。この頃に日本では，1937年から始まった
（　イ　）との戦争が長期化する中で，ヨーロッパでの戦争を有
利に進めるドイツとの結びつきを強めて，南進と呼ばれる@東
南アジアへの軍事的進出をはかる動きが強まっていた。他方，
ドイツはヨーロッパで唯一抵抗を続ける（　ウ　）の持つ東南ア
ジアの植民地に日本が進出することで，（　ウ　）に対する圧力
を強めようとした。その後，日本は1941年4月，南進を実行する前提となる
北方の安全確保を目的に，（　エ　）との間に中立条約を結んだ。

グラフB
日本の［　X　］の
国・地域別輸入額（1940年）
その他
オランダ領東インド
5100万円
総額
3億5200万円
アメリカ
2億7000万円
*オランダ領東インドは，現在のインドネシア

　また，この3カ国による条約成立は日本とアメリカ合衆国との対立を強め
た。アメリカ合衆国は日本への航空用ガソリンや屑鉄の輸出を禁止するなど，
経済制裁を本格化させた。さらに8月には，（　オ　）領インドシナ南部に進
駐した日本に対して，［　X　］の輸出を全面的に禁止した。この当時，日本
は右のグラフBのように，戦争を継続するためにも欠かすことのできない
［　X　］の大半を，アメリカ合衆国からの輸入に頼っていたため追いつめら
れ，外交交渉が不成立に終わった場合には対米開戦することを決定した。

問1　（　ア　）～（　オ　）に入る国名を，次の①～⑦から一つずつ選び，番
　　　号で答えなさい。
　　　①イギリス　　②フランス　　③スペイン　　④イタリア
　　　⑤オランダ　　⑥ソ連　　⑦中国

問2　下線部@についての説明として正しいものを，次の①～④から二つ選び，番号で答えなさい。
　　　①　冬期にも海が凍らずに使用できる港の獲得が目的とされた。
　　　②　日本を中心とする「大東亜共栄圏」の建設が目的とされた。
　　　③　ベトナムに成立した社会主義政権の打倒が目的とされた。
　　　④　ゴムやボーキサイトなどの資源の獲得が目的とされた。

問3　［　X　］に入る語句を，次の①～④から一つ選び，番号で答えなさい。
　　　①生糸　　②自動車　　③石炭　　④石油

問1	ア	イ	ウ	エ	オ	問2		問3	

【4】　次の会話文を読み，問1～問3に答えなさい。

先　生：今日は，第二次世界大戦中の日本について学習したいと思います。資料Aを見てください。これ
　　　　は当時使われていた米穀通帳というものです。

サトコ：これはどのような時に使ったのでしょうか。

先　生：（　ア　）米を購入する時に代金とともに持参が義務づけられ，購入記録をつけました。戦争の長
　　　　期化による労働力不足などの影響で，米の生産が減じたため，都市の米不足を防ぐ目的で政府は

1940年に（　イ　）制を実施し，農村から米を強制的に買いあげました。さらに，1941年になると米の自由な購入を禁止して（　ア　）制を実施し，成人1人1日当たりの購入可能量を330グラムと定めました。また，砂糖やマッチ，衣料などの日用品には（　ウ　）制がしかれ，代金のほかに政府が発行した（　ウ　）がなければ品物を購入することができなくなりました。

サトコ：戦争の激化とともに，人びとが食糧や生活必需品を入手することが困難になったのですね。

先　生：次に，**写真B**を見てください。これは1944〜45年に撮影された，国民学校（1941年に小学校から改称）の児童たちが鉄道に乗って都市を離れていく様子です。

サトコ：なぜ，彼らは都市を離れるのでしょうか。

先　生：アメリカ軍の爆撃機であるB29は爆弾を積み込んで6000キロ程度連続して飛ぶことができたため，1944年に@サイパン島が陥落すると，マリアナ諸島から飛来する爆撃機による日本本土への空襲が激しくなりました。そこで，政府が東京など都市部の国民学校に通う児童の集団（　エ　）を決定したからです。⑥ほかにも戦争の激化は，学校に通う生徒や児童に多く影響を及ぼしました。どのようなことが起こったのか，皆さんもそれぞれ調べてみましょう。

問1　会話文の（　ア　）〜（　エ　）に入る語句を，次の①〜⑥から一つずつ選び，番号で答えなさい。

①切符　　②供出　　③為替　　④配給　　⑤復員　　⑥疎開

問2　下線部@のサイパン島の位置として正しいものを，**地図C**の①〜④から一つ選び，番号で答えなさい。

問3　下線部⑥についての説明として正しいものを，次の①〜④から二つ選び，番号で答えなさい。

①　徴兵猶予が停止された文科系大学生が召集され，陸・海軍に入隊した。

②　教育基本法が制定されて，教育の機会均等や男女平等が定められた。

③　大学や中等学校の修業年数が短縮されたり，授業が停止されたりした。

④　義務教育が，それまでの6年から9年に延長された。

資料A

写真B

地図C

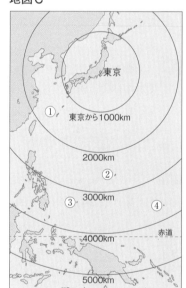

問1	ア	イ	ウ	エ	問2		問3		

16 第二次世界大戦②

第二次世界大戦中のアジアでは，どのような戦禍が起こったのだろうか。また，第二次世界大戦後のアジアの国際秩序はどのように形成されていったのだろうか。

【1】 アジア・太平洋戦争に関する表Ａ〜表Ｃを読み，問１・問２に答えなさい。

表Ａ アジア・太平洋戦争関連年表

年・月	出来事
1941・12	日本軍，マレー半島に上陸，ハワイ真珠湾を攻撃する。
1942・6	日本軍，ミッドウェー海戦で敗北する。
1943・2	日本軍，ガダルカナル島から撤退を開始する。
1944・7	サイパン島の日本軍が全滅する。
1944・11	日本本土への空襲が本格的に始まる。
1945・6	沖縄の日本軍が全滅する。
1945・8	アメリカ合衆国が，広島（6日）・長崎（9日）に原子爆弾を投下する。 ソ連が対日参戦する（8日）。 日本，ポツダム宣言の受諾を決定する（14日）。
1945・9	日本，降伏文書に調印する（2日）。 ソ連，歯舞群島を占領する（3日）。

表Ｂ 岩手県出身軍人の戦死者数の推移

期間	人
1942年	1,222
1943年	2,582
1944年	8,681
1945年（〜8月15日）	13,370
1945年（8月16日〜）	4,869
合計	30,724

＊1942年には1941年12月を含む。
（吉田裕『アジア・太平洋戦争』より作成）

表Ｃ アジア・太平洋戦争における日本人の死傷者数（人）

	死亡	負傷・行方不明	合計
陸軍	1,140,429	295,247	1,435,676
海軍	414,879	14,155	429,034
一般国民	299,485	368,830	668,315

（経済安定本部『太平洋戦争による我国の被害総合報告書』より作成）

問１　次の文が示す「この地」を，表Ａの中に記されている地名から抜き出して答えなさい。

「この地」は，戦後にアメリカ合衆国の施政権下におかれ，1972年に日本に返還された。しかし，現在も日本全国にあるアメリカ軍専用基地の約7割が，「この地」に集中している。

問２　表Ａ〜表Ｃから読みとることができる内容として正しいものを，次の①〜④から二つ選び，番号で答えなさい。

① アジア・太平洋戦争で，岩手県は日本の中でもとりわけ多くの戦死者を出した県である。

② アジア・太平洋戦争では，軍人でない国民も多数死傷した。

③ ポツダム宣言の受諾とともにすべての戦闘は停止され，以後，戦死者が出ることはなかった。

④ 戦争による日本人死傷者は，ポツダム宣言を受諾するまでの直近1年間が多いと考えられる。

問1		問2		

【2】 歴史総合の授業で,「第二次世界大戦中の世界の人び
とのくらし」というテーマで,東南アジアについて班ごとに
調べて発表をおこなった。次の会話文を読み,問1〜問3に
答えなさい。

写真A

トモカ：**写真A**は1942〜43年に撮影された,タイとビルマ
　　　　（現在のミャンマー）を結ぶ泰緬鉄道の敷設工事の様
　　　　子です。この鉄道は日本のインド侵攻作戦を実行す
　　　　るために日本軍によって計画,建設されました。

先　生：写真に写っている鉄道工事で,働いているのはどの
　　　　ような人たちでしょうか？

トモカ：短期間で工事を完成させるために,（　ア　）軍の捕
　　　　虜や東南アジア一帯から集められた人びとが大量に
　　　　動員されました。厳しい環境下で働かされ,多数の
　　　　死者も出ました。

ヨシト：**資料B**は日本軍がインドで配るために作成したビラ
　　　　です。これは植民地の人びとが協力して植民地支配
　　　　から脱しようと呼びかけているものです。

資料B

（『日本週報』第483号,1959年より）

先　生：1941年にアジア・太平洋戦争が始まり,日本軍が欧米の東南アジア植民地に進出すると,現地で
　　　　日本軍は植民地からの解放軍として歓迎されたこともあったようです。

ヨシト：日本政府も1943年,東京で（　イ　）会議を開いて,占領地域での戦争協力体制の強化に努めまし
　　　　た。しかし,多くの場所で苛酷な収奪や,**写真A**のような労働動員がおこなわれたため,当初の
　　　　解放軍としての評価は一変し,各地で⒜組織的な抗日運動が起こるようになりました。

問1 （　ア　）（　イ　）に入る語句を,次の①〜④から一つ選び,番号で答えなさい。

　　　①連合国　　②枢軸国　　③大東亜　　④東方

問2 資料Bで人びとに引きずられているあの人物の名前を,次の①〜④から一つ選び,番号で答えなさ
　　い。

　　　①フランクリン＝ローズヴェルト　　②チャーチル　　③スターリン　　④蔣介石

問3 下線部⒜の運動を指揮した人物として適当なものを,次の①〜④から一つ選び,番号で答えなさい。

①ホー＝チ＝ミン

②ネルー

③スカルノ

④スー＝チー

問1	ア	イ	問2		問3	

【3】　次のカードＡ～Ｄは，第二次世界大戦中に連合国の首脳によっておこなわれた，おもな会談についてまとめたものである。これを読んで**問１～問３**に答えなさい。

カードＡ

> 会談名：ヤルタ会談
>
> 出席者：（　ア　）・チャーチル・（　イ　）
>
> 内容：ドイツの戦後処理方策を討議した。また秘密協定でソ連の対日参戦と南樺太・千島列島のソ連による領有が認められた。

カードＢ

> 会談名：大西洋上会談
>
> 出席者：（　ア　）・チャーチル
>
> 内容：枢軸国に広がっていたファシズムの打倒を目指すとともに，ⓐ戦後の平和構想をつくり，共同宣言を発表した。

カードＣ

> 会談名：カイロ会談
>
> 出席者：（　ア　）・チャーチル・蔣介石
>
> 内容：日本が無条件降伏をするまで戦うことを表明するとともに，戦後，満洲や台湾の中国への返還，朝鮮の独立などを宣言した。

カードＤ

> 会談名：ポツダム会談
>
> 出席者：トルーマン・チャーチル（途中からアトリー）・（　イ　）
>
> 内容：ヨーロッパの戦後処理方策を討議するとともに，日本軍に対して無条件降伏を勧告した。

問１　（　ア　）（　イ　）にあてはまる人物を，次の①～④から一つ選び，番号で答えなさい。

　①ムッソリーニ　　　②スターリン　　　③毛沢東　　　④フランクリン＝ローズヴェルト

問２　カードＢの下線部ⓐの構想をもとに，1945年に発足した国際平和機関の名称を答えなさい。

問３　カードＡ～Ｄを時代順に正しく並べたものを，次の①～④から一つ選び，番号で答えなさい。

　①Ｃ→Ｂ→Ｄ→Ａ　　　②Ｂ→Ａ→Ｄ→Ｃ　　　③Ｃ→Ａ→Ｂ→Ｄ　　　④Ｂ→Ｃ→Ａ→Ｄ

問１	ア	イ	問２		問３	

【4】　次の文を読み，問1〜問3に答えなさい。

写真

　1895年の下関条約で台湾を領有することになった日本は，朝鮮半島に進出，さらには大陸に⃝a満洲国を建国した。そして，1937年から39年にかけて，台湾人や朝鮮人に対する同化政策を実施した。**写真**は，軍属として志願した台湾住民の青少年が「高砂義勇隊」に組織された様子を報じたものである。日本人として，軍人同様に戦争で戦った彼らであったが，日本が戦争に負けると，戦後の補償などは日本人でないという理由で支払われないなど問題を残した。また，⃝b中国大陸や日本の「外地」とされたところから，「内地」に帰還しようとする人びとには，⃝cさまざまな問題や苦難が降りかかった。

問1　下線部⃝aについての説明として正しいものを，次の①〜④から二つ選び，番号で答えなさい。

①　清朝最後の皇帝であった溥儀(もとの宣統帝)が執政(のち皇帝)の地位についた。

②　国際連盟は満洲国を，現地の人びとによる自発的意思によって成立した国家として，これを承認した。

③　石炭や鉄鉱石など，豊富で良質な鉱山資源を持ち，日本によって資源開発が盛んにおこなわれた。

④　「五族協和」を建国理念としており，実際に日本人も現地の人びとも政治・経済的に平等であった。

問2　下線部⃝bについての説明として正しいものを，次の①〜④から二つ選び，番号で答えなさい。

①　中国軍に拘束された日本人兵士捕虜が，収容所までの道中を炎天下で歩かされ，多くの犠牲者が出た。

②　日本への引揚げの中で，親と死別したり生きわかれた子どもが，現地に中国残留孤児として残された。

③　ソ連軍に連行された日本人兵士の捕虜が，シベリアで強制労働を課され，多くの犠牲者を出した。

④　ソ連軍が戦時に大量に散布した除草剤が，先天的な障害を持つ子どもを多く生み出す結果をもたらした。

問3　下線部⃝cについての説明として正しいものを，次の①〜④から二つ選び，番号で答えなさい。

①　満洲事変の後，日本は中国東北地方に中華民国を成立させ，この地域を支配下においた。

②　台湾は日露戦争の結果，締結されたポーツマス条約によって日本の植民地となった。

③　朝鮮では日中戦争が始まる頃から，日本語教育の強制や創氏改名などの皇民化政策がおこなわれた。

④　朝鮮や台湾には志願兵や徴兵の制度がしかれたため，日本軍の兵士となった人びともいた。

問1			問2			問3		

第二次世界大戦後の国際秩序の形成と日本の国際社会への復帰①

第二次世界大戦後の国際社会はどのように形成されていったのだろうか。そして，その中で敗戦国の日本はどのようにして主権を回復していったのだろうか。

【1】　第二次世界大戦後の国際秩序の形成について，授業での先生と生徒の会話文を読み，問1〜問6に答えなさい。

写真A

（裁判期間1945年11月20日〜46年10月1日）

写真B

（裁判期間1946年5月3日〜48年11月12日）

先　生：**写真A・B**は，第二次世界大戦後にドイツのニュルンベルクと日本の東京で開かれた裁判の被告席の様子を撮影したものです。二つの裁判に共通する点を考えてみましょう。

イサオ：ドイツと日本は，［　X　］国という共通点があります。それから，被告席の後ろに立っている人物がどちらも［　Y　］に見えるように思います。

ケンジ：ということは，両国の戦争責任を追及する裁判ということでしょうか。

先　生：そうです。これらの裁判で，ドイツの（　ア　）党員，両国の政治家や軍の首脳部の多くが有罪とされ，厳しい刑を受けました。それだけ第二次世界大戦が，交戦国に多くの被害をもたらしたともいえるでしょう。

アキラ：第一次世界大戦後に（　イ　）という集団安全保障のための国際機関が設立されたことを学びましたが，それは第二次世界大戦の勃発を止められなかったのですね。

ヤスト：そう。だから，第二次世界大戦後に（　ウ　）という新たな機関が設立された。

先　生：そうですね。では，新たな機関の構想は，いつ頃から立てられたのでしょうか。

ジュン：確か，［　Z　］の1941年8月にアメリカ合衆国の（　エ　）大統領とイギリスの（　オ　）首相の会談が最初だったと記憶しています。

イサオ：そこで発表されたのが⒜大西洋憲章ですよね。

先　生：そうです。その後，1944年のダンバートン＝オークス会議，翌年のサンフランシスコ会議を経て，戦争が終結した後の10月に新たな機関が発足しました。ところで，この機関では，⒝大戦で大きな役割をになった五つの国を常任理事国とする（　カ　）に大きな権限が与えられました。

サワコ：（　キ　）もその大きな権限の一つですよね。これで，平和な国際社会が訪れたと当時の人びとは思ったのでしょうね。

ケンジ：でも，実際には，第二次世界大戦後に冷戦と呼ばれる状況になりますよね。それに，戦争に勝った国々を主体とする機関だったら，⒞日本やドイツは，発足当初に加盟できなかったのでは？

先　生：いいところに気がつきましたね。では，次回の授業では冷戦と呼ばれる状況がどのようにして現れたのかということについて，学習することにしましょう。

問1　（　ア　）～（　キ　）に入る語句を，次の①～⑦から一つずつ選び，番号で答えなさい。

①安全保障理事会　　②拒否権　　③国際連合　　④国際連盟

⑤ナチ　　⑥チャーチル　　⑦フランクリン＝ローズヴェルト

問2　［　X　］［　Y　］に入る語句の組み合わせとして適当なものを，次の①～④から一つ選び，番号で答えなさい。

①X－中立国　　　　　Y－軍人

②X－中立国　　　　　Y－民間人

③X－敗戦国　　　　　Y－軍人

④X－敗戦国　　　　　Y－民間人

問3　［　Z　］に入る語句としてもっとも適当なものを，次の①～③から一つ選び，番号で答えなさい。

①イタリアが無条件降伏をした後

②日本が真珠湾を攻撃する前

③独ソ不可侵条約を結ぶ前

問4　下線部ⓐの大西洋憲章のうち，次に示した部分は，のちに日本国憲法の原則にも反映されたと考えられる。その原則としてもっとも適当なものを，あとの①～④から一つ選び，番号で答えなさい。

……両国ハ一層広汎ニシテ永久的ナル一般的安全保障制度ノ確立ニ至ル迄ハ斯ル国ノ武装解除ハ不可欠ノモノナリト信ス。……

①象徴天皇制　　②基本的人権の尊重　　③平和主義　　④国民主権

問5　下線部ⓑに関連して，発足当初の常任理事国として誤っているものを，次の①～⑤から一つ選び，番号で答えなさい。

①アメリカ合衆国　　②イギリス　　③ソ連　　④中華人民共和国　　⑤フランス

問6　下線部ⓒに関連して，次のⅠ～Ⅲの国が（　ウ　）の機関に加盟した順として正しいものを，次の①～⑥から一つ選び，番号で答えなさい。

Ⅰ：日本　　　Ⅱ：大韓民国(韓国)　　　Ⅲ：ドイツ連邦共和国(西ドイツ)

①Ⅰ→Ⅱ→Ⅲ　　②Ⅰ→Ⅲ→Ⅱ　　③Ⅱ→Ⅰ→Ⅲ　　④Ⅱ→Ⅲ→Ⅰ　　⑤Ⅲ→Ⅰ→Ⅱ

⑥Ⅲ→Ⅱ→Ⅰ

問1	ア	イ	ウ	エ	オ	カ	キ	問2		問3	
問4		問5		問6							

【2】　第二次世界大戦後の日本の改革について，**生徒が作成した年表**とそれについての**生徒の考察**を読み，問1～問4に答えなさい。

生徒が作成した年表

年月日		事項
1945年	8月14日	日本政府が（　ア　）を受諾する。
1946年	3月 11月3日	日本政府がGHQ案にもとづく憲法改正案を作成する。 日本国憲法が公布される。
1947年	3月 5月3日	（　イ　），学校教育法が制定される。 日本国憲法が施行される。
1948年	12月	GHQが（　ウ　）を指令する。
1949年	3月 8月	日本政府が（　エ　）を実施する。 シャウプ勧告が発せられる。
1950年	6月25日 8月	朝鮮戦争が勃発する。 （　オ　）が新設される。
1951年	9月8日	サンフランシスコ平和条約が締結される。 （　カ　）が締結される。

生徒の考察

「日本の戦後改革」を調べて気づいたこと　　　　1年B組40番　山川ヒロシ

1．はじめに（なぜこの問題を調べたのか）
　第二次世界大戦後の日本における@戦後改革は，どのような国家を目指して進められたのか。そして，どのような結果となったのかということを明らかにする。
2．アメリカの思惑
　日本を占領したアメリカ（連合軍）は，日本が再び軍国主義国家にならないようにするために徹底した改革を望んでいたが，ⓑ1948年頃から工業国として復興させる政策をとった。そして，ⓒ朝鮮戦争が勃発すると，いち早く経済復興をさせ，アメリカ（西側）陣営に組み込むことを考えるようになった。
3．戦後改革の結果
　戦後改革の結果，日本は民主的な国家に生まれかわった。その象徴ともいえるのが日本国憲法であった。一方，冷戦が朝鮮戦争など東アジアにも波及するようになると，日本はアメリカ（西側）陣営として国際社会に復帰することになった。

問1　年表中の（　ア　）～（　カ　）に入る語句を，次の①～⑦から一つずつ選び，番号で答えなさい。
　①経済安定九原則　　②教育基本法　　③警察予備隊　　④ドッジ＝ライン
　⑤自衛隊　　⑥日米安全保障条約　　⑦ポツダム宣言

問2　**考察**の下線部ⓐに関連して，次の文は戦後改革に関する史料の一部である。この史料の内容から読みとれる戦後日本でおこなわれた改革として**適当でないもの**をあとの①～④から一つ選び，番号で答えなさい。

> 日本帝国政府は民主主義的傾向の復活強化に対する経済的 障 礙（しょうがい）を除き去り人民の権威尊重を樹立し，日本農民を数世紀におよぶ封建的抑圧のもとにおいてきた経済的束縛を破壊するための日本の土地を耕すものがかれらの労働の果実を享受する平等な機会を持つことを保障するやうな措置をとるやう指令される。

①国内の財閥を解体した　　　②労働の民主化をおこなった

③重要産業の国有化を進めた　　④農地改革を実施した

問3　**考察**の下線部ⓑの年に世界で起きた出来事を，次の①～④から一つ選び，番号で答えなさい。

①ヤルタ会談　　②キューバ危機　　③スターリン批判　　④イスラエル建国

問4　**考察**の下線部ⓒに関連して，朝鮮戦争期の日経株価の平均の推移を示した次のグラフを参考にして，この戦争が日本の経済にもたらした影響を考えて答えなさい。

グラフ

日経株価の平均（終値）

問1	ア	イ	ウ	エ	オ	カ		問2		問3	

問4	

18 第二次世界大戦後の国際秩序の形成と日本の国際社会への復帰②

第二次世界大戦後の冷戦とは，どのような状況だったのだろうか。そして，冷戦は日本の主権の回復にどのような影響を与えたのだろうか。

【1】　冷戦の始まりについて，授業での先生と生徒の会話文を読み，問1～問5に答えなさい。

先　生：アキラくん，ベルリンの壁って知っているかな？

アキラ：テレビで見たことはあります。第二次世界大戦後に始まった冷戦の象徴ともいえるベルリンの壁ですよね。

先　生：**写真A**は，まだ壁が築かれていなかった1948年の西ベルリンの様子を撮影したものです。写真の子どもたちは，なぜ，飛行機に手を振っているのだろうか？

アキラ：何かを歓迎しているように見えますが，よくわかりません。

写真A

先　生：第二次世界大戦後のドイツは，米・英・仏・ソ4カ国が分割占領することになった。ベルリンは，ソ連の占領地域にあったのだけれども，ベルリンだけは，さらに米・英・仏・ソの分割占領下におかれた。西ベルリンとは，［　X　］の占領下におかれた地域なのです。

アキラ：つまり，［　Y　］の妨害があると，陸路で西ベルリンに入れないということですか？

先　生：そういうことになるね。1948年に西ベルリンで通貨改革がおこなわれると，［　Y　］はベルリン封鎖をおこなって対抗したんだ。ここまで説明すれば，子どもたちが手を振っている理由が想像できるかな？

アキラ：［　Z　］からですか？

先　生：その通り。この空輸作戦によって，陸路を封鎖されても西ベルリンの人びとは生き延びることができたんだ。ベルリンの壁が築かれたのが1961年だから，それよりはるか以前から冷戦が始まっていたということになるね。

アキラ：そういえば，1947年にアメリカ合衆国の（　ア　）大統領が，いわゆる「封じ込め政策」を唱えたことや国務長官の（　イ　）がヨーロッパ復興援助計画，すなわち（　イ　）＝プランを発表したことや，ソ連がそれに対抗して同じ年に共産党の国際的な情報共有機関として（　ウ　）を結成したことを，前回の授業で学習しました。

先　生：よく思い出したね。こうした中で1949年には西ドイツと東ドイツが成立し，西側諸国は軍事機構として（　エ　）を結成した。そして，1955年に西ドイツが（　エ　）に加盟すると東側諸国は（　オ　）を組織して対抗し，冷戦が激しくなっていったんだ。

アキラ：でも，冷戦という言葉通り，ヨーロッパにおいては直接対決に至らなかったのですよね？

先　生：そう，それは@「恐怖の均衡」ともいえる状態になっていたからなんだ。

問1　（　ア　）～（　オ　）に入る語句を，次の①～⑤から一つずつ選び，番号で答えなさい。

　　　①北大西洋条約機構(NATO)　　②コミンフォルム　　③トルーマン

　　　④マーシャル　　⑤ワルシャワ条約機構

問2　［　X　］に入る国名をすべて答えなさい。

問3　[　Y　]に入る国名を答えなさい。

問4　[　Z　]に入る文としてもっとも適当なものを，次の①～③から一つ選び，番号で答えなさい。

①　飛行機が，東ベルリンを爆撃して封鎖を終わらせようとしている

②　飛行機が，西ベルリンから脱出しようとする人びとを救出しにきた

③　飛行機が，西ベルリンに食料などの生活物資を運んできた

問5　下線部ⓐに関連して，「恐怖の均衡」ともいえる状態とはどういうことか。次のグラフを参考にして説明しなさい。

グラフ

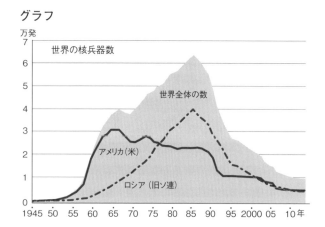

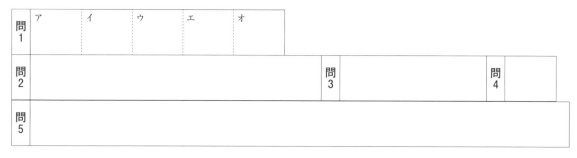

問1	ア	イ	ウ	エ	オ
問2				問3		問4	
問5						

【2】　第二次世界大戦後のアジアの動向について述べた次の文を読み，問1～問3に答えなさい。

地図A

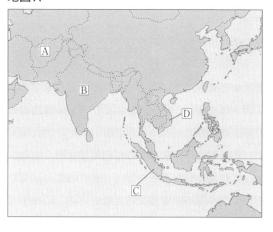

　　　　第二次世界大戦中に日本が占領したアジア諸地域は，日本の敗戦によって占領から解放されると，宗主国からの独立運動を再び本格化させた。まず，1945年にインドネシアの（　ア　）やⓐベトナムの（　イ　）が独立を宣言したが，これを認めない宗主国との間で独立戦争が起こった。とくに，ベトナムでは，（　イ　）の建てたベトナム民主共和国が中国の共産主義勢力やソ連と近い関係にあったため，フランスはこれに対抗してベトナム国を建てた。また，インドは，日本の占領を受けなかったものの，イギリスの植民地政策の影響もあって，1947年にヒンドゥー教徒主体のインドとイスラーム教徒主体の（　ウ　）の2国に分離した形で独立を達成した。

　日本の敗戦は，東アジア情勢にも大きな影響を与えた。中国では，国民党と共産党との内戦が再開され，

地図B

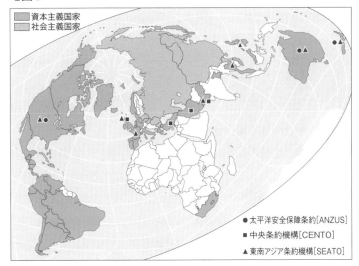

これに勝利した共産党が1949年に（　エ　）を主席とする中華人民共和国の建国を宣言し，1950年には中ソ友好同盟相互援助条約を結んだ。敗れた国民党は，（　オ　）に逃れて中華民国政府を維持した。朝鮮は，日本の敗戦によって植民地支配から解放されたが，北緯38度線を境としてアメリカ合衆国とソ連に分割占領された。これにより，1948年に朝鮮民主主義人民共和国（北朝鮮）と大韓民国（韓国）が成立したが，両国の緊張関係は，1950年に始まる（　カ　）を経て現在も続いている。中

華人民共和国の成立により東アジアに強大な社会主義国家が誕生したことは，国際的な緊張を高めた。そのため，朝鮮戦争が勃発して以降，アメリカ合衆国の主導により⑥日米安全保障条約・太平洋安全保障条約（ANZUS）・東南アジア条約機構（SEATO）・中央条約機構（CENTO）などの軍事ブロックがつくられた（**地図B**）。このように，第二次世界大戦後のアジアにおける脱植民地化は，単なる宗主国からの独立ではなく，冷戦という同時代の国際情勢も深く関係した出来事であった。

問1　（　ア　）～（　カ　）に入る語句を，次の①～⑧から一つずつ選び，番号で答えなさい。

①蔣介石　　②スカルノ　　③台湾　　④朝鮮戦争

⑤ネルー　　⑥パキスタン　　⑦ホー＝チ＝ミン　　⑧毛沢東

問2　下線部⑧のベトナムの位置として正しいものを，**地図A**の▲～Ｄから一つ選び，記号で答えなさい。

問3　文中の下線部⑥に関連して，軍事ブロックがつくられた目的を，**地図B**を参考にして答えなさい。

問1	ア	イ	ウ	エ	オ	カ	問2	
問3								

【3】　日本の独立回復について述べた次の文を読み，問1～問3に答えなさい。

　第二次世界大戦に敗れた日本は，アメリカ合衆国を主体とする連合国軍によって占領され，軍も解体された。そして，（　ア　）を最高司令官とする連合国軍総司令部（GHQ）の指示によって（　イ　）改革や（　ウ　）解体などの非軍国主義化・民主化が進められた。しかし，1948年頃からアメリカ合衆国は，日本の占領政策を転換することを示した。そこには，日本に［　X　］というアメリカ合衆国の思惑があった。こうした中で，1951年に連合国との間に⑧サンフランシスコ平和条約が結ばれて日本は主権を回復した。しかし，同時にアメリカ合衆国との間で（　エ　）条約に調印して軍事基地を提供することとなった。こうして，アメリカ軍が日本の防衛を実質的ににない中で，日本は経済復興に専念できる体制が成立した。

問1　（　ア　）～（　エ　）に入る語句を，次の①～④から一つずつ選び，番号で答えなさい。

①財閥　　②日米安全保障　　③農地　　④マッカーサー

問2　次の**資料**を参考にして，[　X　]に入る文としてもっとも適当なものを，あとの①〜④から一つ選び，番号で答えなさい。

> **資料**　アメリカ陸軍長官ロイヤルの演説
> アメリカは日本に(中略)今後東亜に生ずるかも知れぬ新たな全体主義的戦争の脅威に対する妨害物の役目を果しうる，自足的民主主義を確立する目的を有している。(『時事年鑑』)

①　東アジアにおける共産主義勢力との友好的な関係を維持させる

②　東アジアにおける共産主義勢力の拡大を抑えさせる

③　国内における自由主義勢力を弾圧させる

④　国内における食糧の自給率を低下させる

問3　下線部ⓐに関連して，サンフランシスコ平和条約が結ばれた後も，**地図A**のⓐはアメリカ合衆国の施政権下におかれた。その理由を，ⓐの地名を明らかにしたうえで答えなさい。

地図A

問 1	ア	イ	ウ	エ	問 2	

問 3	

国際政治の変容①

第二次世界大戦後，アジア・アフリカ諸国はどのように独立を達成し，国際社会の中でどのような役割をはたしたのだろうか。

【1】 インドの初代首相について調べた次のレポートを読み，問1〜問4に答えなさい。

レポート

　　インド連邦の初代首相となったのは（　ア　）である。この人物は，合計10年間も投獄されながらも粘り強く独立運動を展開し，1947年の独立にこぎ着けた。

　　独立当初のインドは，米ソ冷戦のどちらの陣営にもくみしない，第三勢力の結集を呼びかけた。（　ア　）は周恩来との会談で⒜（　イ　）会議の開催を約束し，翌年の1955年に実現させた。アメリカ合衆国と同盟関係にあった⒝日本もアジア・アフリカ諸国との関係に配慮して，この会議に参加している。

　　積極的中立を掲げる第三勢力25カ国は，（　ウ　）年にはベオグラードで非同盟諸国首脳会議を開催した。この頃までが，（　ア　）が世界的に政治的影響力を持った時期で，その後は国内経済政策の失敗もあり，しだいに力を失った。

地図A

問1　（　ア　）（　イ　）に入る語句を答えなさい。

問2　下線部⒜の会議が開催された場所を，**地図A**の①〜④から一つ選び，番号で答えなさい。

問3　下線部⒝に関連して，この頃の日本で起こった外交的な出来事として正しいものを，次の①〜④から一つ選び，番号で答えなさい。

　①　日ソ共同宣言を発表して，ソ連との戦争状態を終わらせた。

　②　日韓基本条約を結び，韓国との国交を回復した。

　③　アメリカ合衆国との交渉により，沖縄が返還された。

　④　日中平和友好条約を締結し，中華人民共和国との国交を正常化した。

問4　（　ウ　）に入る数字を，次の①〜④から一つ選び，番号で答えなさい。

　①1961　　②1971　　③1981　　④1991

問1	ア		イ	
問2		問3		問4	

【2】 東南アジアの政治家について調べた次のレポートを読み，問1〜問5に答えなさい。

レポート

東南アジアでは，第二次世界大戦において日本軍に関わった勢力が，戦後の独立運動をになうことが多かった。

（　X　）は，日本軍の侵入に抵抗し，さらに<u>ⓐインドシナ戦争</u>でフランスを破り，ベトナムを解放した人物である。しかし（　ア　）休戦協定の締結後はアメリカ合衆国が介入し，ベトナムは（　X　）が率いる北部の（　イ　）と（　ウ　）が大統領となった南部の（　エ　）に分断されることになった。

写真Bの（　Y　）は，インドネシアを独立に導いた人物である。（　Y　）は，第二次世界大戦では<u>ⓑ日本軍に協力</u>し，戦後はオランダとの独立戦争を戦って独立を勝ちとった。

この両者はアメリカ合衆国が東南アジアに影響力を伸ばすために<u>ⓒ軍事同盟</u>を締結すると，これに反発し，とくに（　Y　）は第三勢力の結集において中心的な役割をはたした。

史料A

われわれの圧力に対し，敵は機動部隊を分散させ，11月20日に（　Z　）に降下，これを占拠した。その目的はライチャウと北部ラオスの防衛である。

写真B

問1　（　X　）（　Y　）入る人名を答えなさい。

問2　（　ア　）〜（　エ　）に入る語句を，次の①〜⑦から一つずつ選び，番号で答えなさい。
　　①バオダイ　　②ベトナム共和国　　③ベトナム民主共和国　　④パリ
　　⑤ゴ＝ディン＝ジエム　　⑥ジュネーヴ　　⑦ベトナム国

問3　下線部ⓐについて，この戦争で最大の激戦地となった場所は**史料A**の（　Z　）である。（　Z　）に入る地名を，次の①〜④から一つ選び，番号で答えなさい。
　　①ハノイ　　②ディエンビエンフー　　③フエ　　④サイゴン

問4　下線部ⓑについて，日本軍がアメリカ合衆国・イギリスに宣戦し，最初に侵攻したアジアの地域を，次の①〜④から一つ選び，番号で答えなさい。
　　①ベトナム南部　　②タイ　　③マレー半島　　④ジャワ島

問5　下線部ⓒについて，結成された軍事同盟を，次の①〜④から一つ選び，番号で答えなさい。
　　① NATO　　② METO　　③ SEATO　　④ CENTO

問1	X				Y					
問2	ア	イ	ウ	エ	問3		問4		問5	

【3】　イスラーム世界の政治家について調べた次のレポートを読み，問1〜問4に答えなさい。

レポート

写真A

　　19世紀までの西アジアは，本来，アラブ系ムスリムが多数派を占める世界であった。しかし，そこにユダヤ人が入植を始めたことによって対立が生じた。そこでアラブ側の指導者として登場するのが，エジプトの（　ア　）である（**写真A**）。（　ア　）はⓐパレスチナ戦争でイスラエルに敗北すると，エジプトの古い体制に不満を抱くようになり，革命を起こして首相に就任した。やがて（　ア　）は，ⓑスエズ運河国有化宣言をおこない，それを契機に再びイスラエルと戦った。この戦争で，アメリカ合衆国も含めて国際世論を味方につけた（　ア　）は，アラブ世界だけでなく第三勢力の有力者となり，非同盟諸国の連帯を牽引していった。

　　一方，南アジアにおいてイスラーム教徒は少数派となっていたが，全インド＝ムスリム連盟を率いた（　イ　）が初代総督となってⓒパキスタンが建国された。

問1　（　ア　）（　イ　）に入る語句を答えなさい。

問2　下線部ⓐに関連して，パレスチナについて説明した文として誤っているものを，次の①〜④から一つ選び，番号で答えなさい。

　　①　シオニズムの高まりにより，パレスチナへのユダヤ人入植が始まった。

　　②　バルフォア宣言により，ユダヤ人国家の建設が約束された。

　　③　パレスチナ分割案にもとづいて，イスラエルが建国された。

　　④　パレスチナ戦争の結果，イスラエルはシナイ半島を奪った。

問3　下線部ⓑについて，この宣言をおこなったのは何の建設資金を確保するためだったのか。その建築物の名称を答えなさい。

問4　下線部ⓒに関連して，パキスタンがインドから分離独立した際，藩主がヒンドゥー教徒で住民がイスラーム教徒であったために，国境が画定できなかった地方がある。この地方の名称を答えなさい。

問1	ア		イ		
問2		問3		問4	

【4】 アフリカの政治家について調べた次のレポートを読み，問1〜問4に答えなさい。

レポート

写真A

　近世以降，黒人は奴隷として世界各地に送り込まれた。しかし，黒人たちはみずからの故郷であるアフリカを忘れることはなかった。黒人の解放やアフリカの独立を唱えた人びとが多地域にわたるのも，そういった背景がある。

　アフリカ諸国の独立は北から進行した。けれども，フランスが独立を認めなかった（　ア　）に関しては，ド＝ゴールが解決するまでは紛争が続いた。

　サハラ砂漠以南で最初に独立したガーナの初代首相となったのが，**写真A**の（　イ　）である。（　イ　）はアメリカ合衆国に留学してパン＝アフリカ主義に触れた人物であった。このガーナの独立を皮切りに，「ⓐアフリカの年」（1960年）には**地図B**の諸国が一気に独立をはたし，その中からⓑアフリカの連合をはかる動きも生じるようになった。

　しかし，独立当初から大国の思惑に翻弄（ほんろう）された国も多く，初代首相のⓒルムンバが殺害された国では，現在まで内戦が頻発している。

地図B

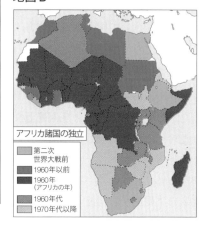

アフリカ諸国の独立
第二次
世界大戦前
1960年以前
1960年
（アフリカの年）
1960年代
1970年代以降

問1　（　ア　）（　イ　）に入る語句を答えなさい。

問2　下線部ⓐに関連して，1960年代の日本の動向として正しいものを，次の①〜④から一つ選び，番号で答えなさい。

　①　朝鮮戦争にともなう特需景気により，経済が急速に回復した。

　②　高度経済成長期に突入し，新幹線の建設やオリンピックの開催がおこなわれた。

　③　オイルショックの影響により，一時的に経済はマイナス成長を記録した。

　④　プラザ合意による円高不況を乗り切り，バブル景気を迎えた。

問3　下線部ⓑについて，1963年に結成されたアフリカの地域機構を，次の①〜④から一つ選び，番号で答えなさい。

　① OAU　　② AU　　③ ASEAN　　④ OPEC

問4　下線部ⓒについて，この国名を，次の①〜④から一つ選び，番号で答えなさい。

　①ケニア　　②モロッコ　　③リベリア　　④コンゴ民主共和国

問1	ア	イ

問2		問3		問4	

20 国際政治の変容②

冷戦の時代に、どのような地域紛争が勃発したのだろうか。また、戦後の新たな課題となった核兵器の管理はどのようにおこなわれたのだろうか。

【1】 冷戦の期間に起きた地域紛争を示した**地図**と、その**解説文**を見て、**問1・問2**に答えなさい。

地図

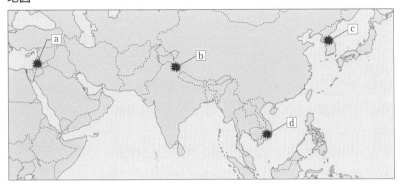

解説文

Ⅰ 1959年、チベットで中国に対する反乱が起こり、中国軍はこれを鎮圧した。この事件によりチベット仏教の指導者である（ ア ）は、インドへ亡命した。これをきっかけに、中国とインドが武力衝突を起こし、その結果、現在でもこの地域での両国の国境は画定されていない。

Ⅱ 大戦後、ホー＝チ＝ミンにより成立したベトナム民主共和国の独立を認めない（ イ ）が、ベトナム民主共和国と交戦を続けた。1954年にジュネーヴ休戦協定により（ イ ）は撤退し、北緯17度線を暫定軍事境界線として南北にわかれた。

Ⅲ 1950年、北朝鮮が境界線である北緯（ ウ ）度線を越えて韓国へ侵攻し、戦争が始まった。この侵攻に対し、アメリカ合衆国を中心とする国連軍が反撃し、中国国境付近まで進軍した。この国連軍の進軍に対しては（ エ ）が義勇軍を派遣した。1953年には休戦協定が結ばれ、北緯（ ウ ）度線が軍事境界線とされ、朝鮮半島は南北にわかれた。

Ⅳ 1948年、ユダヤ人が（ オ ）の建国を宣言すると、周囲のアラブ諸国はこれに反対し、戦争となった。その後も、（ オ ）とアラブ諸国の対立は続き、たびたび戦争が起きた。この戦争により始まったパレスチナ問題は、現在でも解決することなく中東の大きな問題となっている。

問1 解説文Ⅰ～Ⅳの起きた場所を、地図中の a ～ d から一つずつ選び、記号で答えなさい。

問2 解説文中の（ ア ）～（ オ ）に入る語句を答えなさい。

問1	Ⅰ	Ⅱ	Ⅲ	Ⅳ	
問2	ア	イ	ウ	エ	オ

【2】 次の先生と生徒の会話文を読み,問1・問2に答えなさい。

生徒：先生,この切手は沖縄の切手ですか？

切手

先生：そうだよ,守礼門が描かれているからね。

生徒：でも,「3¢」とあるから,日本の切手ではないのかな？

先生：いいところに,気がついたね。これは,沖縄がまだ,（　ア　）の施政権下
　　　にあった時の切手なんだよ。

生徒：なるほど。沖縄が日本に返還されたのは1972年ですけれども,なぜ,この年だったのですか？

先生：それは,世界での（　ア　）の動きに関係があるんだ。1965年から（　ア　）はある国を爆撃していた
　　　けれども,どこで戦争していたかわかるかな？

生徒：東南アジアの（　イ　）ですよね。

先生：そうだね。この戦争で,沖縄が前線基地とされ,さまざまな負担や問題が深刻化したため,沖縄の
　　　返還運動が激しくなったんだ。

生徒：なるほど。（　ア　）の国際社会での動きが日本に大きな影響を与えたんですね。

先生：そうだね。1950年に始まった朝鮮戦争も日本に大きな影響を与えたよね？

生徒：えーと,確か,日本に駐留していた（　ア　）軍が朝鮮に行くので,何かあった時のために（　ウ　）
　　　が設立され,これがのちの自衛隊になりましたよね。

先生：そうだね,ほかには,1951年に（　エ　）が調印され,日本は独立国として主権を回復したよね。

生徒：それまでは,日本は独立していなかったんですね。でも,独立したあと,なぜ（　ア　）の基地が残
　　　ったんですか？

先生：それは,1951年に（　オ　）が結ばれて,日本とアジアの安全のために（　ア　）軍が日本に駐留する
　　　ことになったからだよ。

生徒：なるほど。沖縄は日本に復帰していないから,写真のような**切手**が発行されたんですね。

先生：朝鮮戦争は,日本の経済にも大きな影響を与えたってことは知っているかな？

生徒：えーと,確か,日本の景気がよくなったんですよね。

先生：なぜかな？

生徒：［　a　］からです。

先生：そうだね。こうして見ると,日本の政治や経済は（　ア　）の影響を強く受けていることがわかるね。

問1　（　ア　）～（　オ　）に入る語句を,次の①～⑤から一つずつ選び,番号で答えなさい。
　　　①日米安全保障条約　　②ベトナム　　③アメリカ合衆国　　④サンフランシスコ平和条約
　　　⑤警察予備隊

問2　［　a　］に入る説明文を,「特需」という語句を用いて書きなさい。

問1	ア	イ	ウ	エ	オ

問2	からです。

【3】 写真A〜Cについての先生とアキラくん・サチコさんの会話文を読み，（ ア ）〜（ ケ ）に入る
語句を，あとの①〜⑨から一つずつ選び，番号で答えなさい。

写真A

写真B

写真C

先　生：**写真A**と**写真B**は誰か，わかるかな？

サチコ：**写真A**はアメリカ大統領の（ ア ），**写真B**は日本の内閣総理大臣（ イ ）ですよね。

アキラ：どちらも，ノーベル平和賞を受賞しているね。確か，二人とも核兵器への反対を表明している。

サチコ：そうだわ，（ イ ）は（ ウ ）で，ノーベル平和賞を受賞したのよね。（ ア ）は，「核なき世
　　　　界」への働きかけが評価されて，ノーベル平和賞を受賞したのよ。

先　生：そうだね。（ ア ）の受賞が2009年，（ イ ）の受賞が1974年。そのほかに1985年には核戦争防
　　　　止国際医師会議が，2017年には核兵器廃絶国際キャンペーンがノーベル平和賞を受賞しているよ。

アキラ：ノーベル平和賞と核兵器廃絶は深い関係があるけれども，それだけ長い期間，人類は核兵器を廃
　　　　絶できていない，ということでもあるよね。

先　生：そうなんだ。核兵器があることによって，人類は（ エ ）する危機が常にあるよね。それをわか
　　　　りやすく示したのが，**写真C**の世界終末時計だよ。この時計が12時になったら人類が（ エ ）す
　　　　る，その危険性を表した時計なんだ。

サチコ：今まで，一番12時に近づいたのはいつなんですか？

先　生：日本の第五福竜丸が被爆した，アメリカ合衆国のビキニ環礁での（ オ ）実験の時，2分前にな
　　　　ったよ。

アキラ：それならば，ソ連のミサイル基地が（ カ ）につくられた（ カ ）危機の時も，危なかったんじ
　　　　ゃないですか？

先　生：（ カ ）危機の時は，7分前になったね。1989年にアメリカとソ連が対立していた（ キ ）の終
　　　　結が宣言されると，10分前になったんだよ。

サチコ：それでも，今，核兵器って，いろいろな国が持ち始めていますよね。

アキラ：そうだよ。（ キ ）の時期は，米・英・ソ・仏・中・インドが核兵器を持っていたのに，
　　　　（ キ ）が終結したあと，インドに対抗して新たに（ ク ）が原爆実験に成功したよね。東アジ
　　　　アでも（ ケ ）が核実験をおこなっているし……。

先　生：この核拡散を，どう国際社会で防いでいくかは世界の大きな課題の一つだね。

　　①北朝鮮　　②キューバ　　③パキスタン　　④水爆　　⑤非核三原則
　　⑥オバマ　　⑦佐藤栄作　　⑧滅亡　　⑨冷戦

ア	イ	ウ	エ	オ	カ	キ	ク	ケ

【4】 次の問1・問2に答えなさい。

問1　次の人物(あ)〜(え)は，冷戦期の各国の首脳である。その肖像を写真A〜D，活動をⅠ〜Ⅳから一つずつ選び，記号で答えなさい。

(あ)アイゼンハワー　　(い)毛沢東　　(う)吉田茂　　(え)フルシチョフ

写真A

写真B

写真C

写真D

活動

Ⅰ　内閣総理大臣として，日本の戦後復興に力をつくした。1951年には，サンフランシスコ平和条約を締結し，日本の独立を回復した。

Ⅱ　第二次世界大戦中は，ノルマンディー上陸作戦の指揮をとり，大戦後はアメリカ大統領として反共産主義の立場をとった。その一方で，朝鮮戦争の休戦，フルシチョフとの会談をおこなった。

Ⅲ　1949年に成立した中華人民共和国の国家主席。1953年からの第1次五か年計画により，中国の産業を発展させることに成功したが，続く「大躍進」が失敗し，国家主席を辞任した。

Ⅳ　スターリンの死後，ソ連の共産党第一書記となった。スターリン批判をおこない，平和共存政策を発表し，アメリカ合衆国を訪問するなど，「雪どけ」の象徴となった。

問2　次の写真Eを見て，(1)〜(3)に答えなさい。

(1)この写真は，冷戦期にヨーロッパのある国の都市を分断する壁を建設している様子である。この壁が建設された国と都市を答えなさい。

(2)この壁をはさんで東側・西側は，それぞれ社会主義・資本主義のどちらの陣営であったか答えなさい。

(3)この壁はどのような目的で建設されたか。「……を防ぐため。」で文が終わるように説明しなさい。

写真E

問1	(あ)写真	活動	(い)写真	活動	(う)写真	活動	(え)写真	活動

問2	(1)国		都市		
	(2)東		西		
	(3)　　　　　　　　　　　　　　　　　　　　　　　　　　　　を防ぐため。				

21 世界経済の拡大と 日本の経済成長

日本の高度経済成長によって人びとの生活はどのように変わったのだろうか。また，経済的に豊かになった社会の中で，どのような問題が生じたのだろうか。

【1】 次のグラフと文を読み，問1～問3に答えなさい。

グラフ

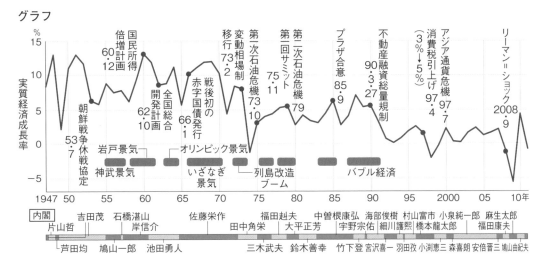

上のグラフは，日本の戦後における実質経済成長率の推移を示し，あわせて歴代内閣を示したものである。1950年からの数年間は，大幅な経済成長が見られる。この景気拡大は（　ア　）による特需の結果である。その後，1955年に始まり，（　イ　）景気━━なべ底不況━━岩戸景気━━62年不況━━（　ウ　）景気━━65年不況━━（　エ　）景気と続き，1973年に至る（　オ　）期を迎えた。1956年の経済白書には「もはや〔　X　〕ではない」と記述され，日本経済が新たな段階に入っていくことが広く示された。

経済政策を推し進めるために，ⓐ1961～70年の間に一人当たりの国民所得を2倍にしようとする「所得倍増」政策を掲げる内閣も現れた。そして人びとの生活水準も向上し，ⓑ三種の神器や新三種の神器と呼ばれる耐久消費財が家庭に普及するようになった。

問1　（　ア　）～（　オ　）に入る語句を，次の①～⑤から一つずつ選び，番号で答えなさい。

　　　①オリンピック　　②朝鮮戦争　　③神武　　④高度経済成長　　⑤いざなぎ

問2　下線部ⓐにあたる内閣名を，上のグラフから答えなさい。

問3　下線部ⓑにあてはまる三つを，次の①～⑤より選び，番号で答えなさい。

①

②

③

④ ⑤

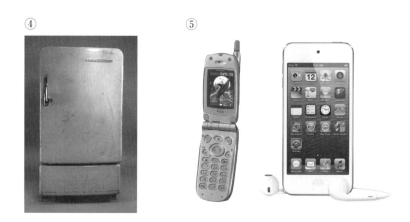

問4 〔 X 〕に入る語句を，漢字2字で答えなさい。

問1	ア	イ	ウ	エ	オ	問2	
問3				問4			

【2】 次の先生と生徒X・生徒Yとの会話文を読み，問1〜問3に答えなさい。

写真A

ベ平連

写真B

Peace

生徒X：上の二つの写真は，何の写真ですか。

生徒Y：旗やボード，マイクなどを持っている人がいますね。

生徒X：よく見ると**写真A**の左側には「ベ平連」と書いてあります。

生徒Y：でも**写真A**の中心の人は「（　あ　）をつぶせ」と書いたボードを持っているよ。

生徒X：そうだね。一方，**写真B**は日本ではなさそうだね。どこかな？

生徒Y：（　い　）の国会議事堂だと思うよ。ニュースで見たことがある。

生徒X：なるほど。**写真B**には「Peace」と書かれたボードを持っている人がいるよ。

生徒Y：「Peace」は「平和」だよね。ということは，「ベ平連」の「平」と何か関係があるのかな……。

先　生：二人とも鋭いところまで気がつきましたね。2枚の写真は，「ベトナム戦争反対」を訴えている写

94

真なのです。

生徒X：ということは「ベ平連」の「ベ」はベトナムの「ベ」ですね。

先　生：その通り。ベトナム戦争は，どのような戦いだったか知っていますか？

生徒Y：（　い　）の支援を受けた南ベトナム（ベトナム共和国）と北ベトナム（ベトナム民主共和国）の間で起こった戦争だと聞きました。

生徒X：内容は知らないけれども，（　い　）が1965年から本格的にベトナムの戦いに関わり，@北ベトナムに対して爆撃機を使用して攻撃をしたと聞きました。

生徒Y：（　い　）が南ベトナムを支援し，北ベトナムと戦ったのに，どうして「（　あ　）をつぶせ」と書かれたボードを持っているんですか。

生徒X：（　あ　）と「ベトナム戦争」には，どのような関係があるんですか？

先　生：鋭い指摘ですね。皆さん，朝鮮戦争の際，日本はどのようになったか覚えていますか。

生徒X：朝鮮戦争では，（　い　）を中心とした国連軍が日本で軍需物資を調達した結果，（　ア　）になったと習いました。

生徒Y：なるほど。ベトナム戦争もアジア，つまり日本周辺で発生した戦争です。だから朝鮮戦争と同じように，（　い　）が軍事物資などを日本で調達したのですね。だから，日本は特需になったんだ。

生徒X：でも**写真A**の日本に住む人たちが，戦争に反対しているのはなぜですか？

先　生：ベトナム戦争では，朝鮮戦争以上に，日本の米軍基地からも軍隊が派遣されました。

生徒Y：つまり，日本はベトナム戦争に直接派兵こそしなかったけれども，基地機能が（　イ　）したことで日本にある米軍基地も戦争に大きな役割をはたしたんだね。

先　生：その通りです。ベトナムで起こった戦争に日本も関与していた。だから，**写真B**の「Peace」だけでなく，日本においてもベトナム戦争に反対する運動が発生したのです。

問1　（　あ　）（　い　）に入る語句の組み合わせとして適当なものを，次の①〜④から一つ選び，番号で答えなさい。

①あ―安保　　い―アメリカ合衆国　　②あ―安保　　い―イギリス

③あ―平和　　い―アメリカ合衆国　　④あ―平和　　い―イギリス

問2　（　ア　）（　イ　）に入る語句の組み合わせとして適当なものを，次の①〜④から一つ選び，番号で答えなさい。

①ア―好景気　イ―縮小　　②ア―好景気　イ―拡大

③ア―不景気　イ―縮小　　④ア―不景気　イ―拡大

問3　下線部@の攻撃を何と呼ぶか。漢字2字で答えなさい。

問1		問2		問3	

22 市場経済の変容と課題①

石油危機や技術革新は資本主義経済にどのような影響を与えたのだろうか。一方，社会主義経済はどのように変化したのだろうか。

【1】 次の文を読み，問1～問4に答えなさい。

　1973年，アラブ諸国による（　ア　）への奇襲で始まった第4次中東戦争は，アラブの攻勢，（　ア　）の反撃という経過をたどり激戦となった。この時，アメリカ合衆国など西側諸国が（　ア　）寄りの姿勢をとることにいらだったアラブ産油国の組織（　イ　）は，親（　ア　）国への原油輸出停止や価格の大幅な引き上げを発表し，世界経済に大きな衝撃を与えた。第1次石油危機である。この時，日本でも工場が操業を停止するのではないか，などの流言が広まり，（　X　）の買占め騒動が起きたことはよく知られている。国際為替相場の変動に次ぐエネルギー面での経済環境の激変に対応すべく，（　ウ　）の大統領ジスカールデスタンの呼びかけで始まったのが，今も続く（　Y　）である。停滞し始めた先進国経済を尻目に，1970年代から，それまで発展途上国のイメージが強かったアジアのいくつかの国・地域が工業化と経済発展を始めた。これを人びとは新興工業経済地域（NIES）と呼んだ。なかでもそのトップランナーであったのが台湾，（　エ　），シンガポール，そしてこの頃はまだイギリス領だった（　オ　）である。これらは「4匹の虎」とか「アジア四小竜」などと呼ばれ，世界の注目を集めた。これらの地域では@政府の強い主導のもと，輸出重視の産業政策がとられたことなどの共通点が見られる。政治的変革を経なくても，劇的な経済発展は可能であるという事実は，社会主義に大きなダメージを与えた。

問1　（　ア　）～（　オ　）に入る語句を，次の①～⑨から一つずつ選び，番号で答えなさい。

　　①フランス　　　②香港　　　③イスラエル　　④韓国　　　⑤アメリカ
　　⑥フィリピン　　⑦OPEC　　⑧OAPEC　　⑨APEC

問2　（　X　）に適する語句を答えなさい。

問3　（　Y　）に入る語句を，次の①～④から一つ選び，番号で答えなさい。

　　①先進国首脳会議　　　②非同盟諸国首脳会議　　　③国連復興開発会議　　　④パグウォッシュ会議

問4　下線部@について，こうした国・地域の政府は経済発展最優先でリーダーシップを発揮したが，同時に人権の抑圧などもおこなった。いわゆる「開発独裁」である。その典型として，1960年代中頃から90年代末までインドネシアの大統領であった人物の名前を答えなさい。

問1	ア	イ	ウ	エ	オ		
問2					問3		問4	

【2】 次の文を読み，問1～問3に答えなさい。

　1976年，毛沢東の死により@文化大革命が終わると，中国は外国資本を積極的に受け入れ，ⓑ企業・農民の自由裁量の許可など，資本主義のエッセンスを取り入れた政策に大きく方向を転換した。こうした政策の成功は，ソ連のような破綻から中華人民共和国を救ったともいえるが，経済だけでなく，ⓒ政治も自由化してほしいという要求が若者などから湧きあがり，警戒心を強めた政府はこうした民主化運動を武力で弾圧した。世界最大の人口と広大な領土を持つ中国の工業化は，経済面で世界に大きなインパクトを与

えたが，それにとどまらず環境の面でも自国や周辺諸地域に多くの影響を与えている。これは現代中国が抱える課題の一つである。日本もかつて，急激な工業化を成しとげた時期には，「公害」と呼ばれた環境問題を経験した国であり，そのノウハウの提供なども課題解決に向けた選択肢の一つとしてクローズアップされている。

問1 下線部ⓐの文化大革命の初期に毛沢東らに攻撃されて失脚した政治家を，次の①〜④から一つ選び，番号で答えなさい。

①周恩来 　　②江沢民 　　③蔣介石 　　④劉少奇

問2 下線部ⓑに関連して，この動向の中で解体された中国の社会主義に特徴的な農村組織の名称を答えなさい。

問3 下線部ⓒについて，この時，民主化運動をおこなう学生たちが多く死傷した事件の舞台となった北京の広場の名称を答えなさい。

問1		問2		問3	

【3】 歴史上の人物の回想と，その解説文からなる次の文を読み，**問1〜問4**に答えなさい。

　のちに世界の歴史を大きく変えることになるゴルバチョフは，ⓐ1978年には共産党中央委員会の農業担当書記となり，食糧問題解決に努力して頭角を現し，ついに1985年にソ連のトップにまで昇りつめた。彼はその前後の時期のソ連の惨状を回想記に記している。彼の回想記を見てみよう。

　「ソ連は先進国に大きく遅れをとり……現実に先進国を上回ることができた経済発展のテンポでも負けることになってしまった」。

　「『すべては人間の幸福のために』というスローガンに反して，国民生活向上のためという生産目的は裏庭へ押しやられ，工業材生産と防衛生産の十分すぎるほどの増強の犠牲にされた」。

　「耐久消費財，生活用品，自動車の生産は世界のレベルからどうしようもないほどおくれていた」「（重工業も）絶望的なまでに老朽化していた」。

　「食糧や工業製品ばかりでなく，鉄鋼，燃料，建設資材も不足するようになった」。

またゴルバチョフはⓑ労働者たちの意欲や規律の低下も語っている。

　「待避線や引き込み線に，国に必要な物資を積んだたくさんの車輌が放置され，損傷と略奪にまかせられていた」。

　このようにゴルバチョフが，ソ連社会の停滞に驚き，悩み始めた1986年に，史上最悪の原子力発電所事故といわれる（　ア　）原発の事故が起きた。またさらに，翌年の1987年には西ドイツの青年が操縦するセスナ機がモスクワ中心部である赤の広場に無許可着陸するという前代未聞の珍事件が起きて，ⓒソ連が誇ったはずの軍事部門でも規律や危機管理意識のゆるみが露見してしまった。こうしたことへの危機感を持った人びとをおもな支持層として，ゴルバチョフは「（　イ　）」と呼ばれる大規模な改革へと舵を切っていくことになる。

問1 （　ア　）（　イ　）に入る語句を答えなさい。

問2 下線部ⓐの1978年にソ連の最高指導者であった人物の名前を，次の①〜④から一つ選び，番号で答えなさい。

①エリツィン 　　②ブレジネフ 　　③フルシチョフ 　　④アンドロポフ

問3　下線部ⓑに関連して，ソ連の影響下にあったポーランドでは，労働者たちが共産党の統制を離れて
　　　独自の労働組合組織を立ちあげた。その組織の名称を，次の①〜④から一つ選び，番号で答えなさい。
　　　①総評　　②連合　　③連帯　　④同盟
問4　下線部ⓒに関連して，この時期のソ連軍の軍事活動では1979年におこなわれたある国への侵攻が注
　　　目される。ソ連に侵攻された国名を答えなさい。

【4】　情報技術の発展に関する次の文を読み，問に答えなさい。

　1990年代のインターネットの劇的な普及や，それと並行した情報技術の進歩は，国境を越えた情報の交
換やすり合わせなどの通信コストを劇的に引き下げた。このため，一つの製品を各国にある工場で分業し
つつ製作する困難は克服され，ⓐ先進国の製造業は転機を迎えた。

問　下線部ⓐに関連して，この時期の先進国の産業にはどのような変化が見られたか。適するものを次の
　　①〜④から一つ選び，番号で答えなさい。
　　①　大企業が子会社を系列化し，財閥を形成した。
　　②　自社工場を持たず，製品の企画・設計や，販売・アフターケアなどに特化する企業も現れた。
　　③　性能よりも低価格を追求した自動車の開発に，自動車メーカーが取り組んだ。
　　④　危機を乗り超えるため企業は労働組合との連携を強め，給与の引上げが広くおこなわれた。

問	

【5】　次の先生と生徒の会話文を読み，問1〜問4に答えなさい。

先生：1991年から10年間ほど，ⓐ日本のODA（政府開発援助）は，世界第1位の規模を誇った。その後，
　　　2013年には4位となったが，今も世界有数のODA大国であることには間違いないんだ。

生徒：それはすばらしいですね。日本のODAに問題点や課題はないのですか。

先生：日本のODAのGNI（国民総所得）比率については0.2%台と，国際的に推奨されている値＝0.7%
　　　を下回っている。またODAに占める無償資金協力，「贈与」ともいうけれども，この比率も49%で，
　　　先進国の一般的な水準より低く，利子をつけて返してもらう「借款」の率が高いんだ。また，現在は
　　　かなり克服されたが，かつてはⓑいわゆる「ひもつき」援助の多さも問題視されてきたよ。

生徒：なるほど，難しいものですね。

先生：日本のODAを地域的に見ると，ⓒアジア重視が鮮明だった。でも最近は（　ア　）も重視され始め
　　　ている。日本のODAの大まかな方針を決めるODA大綱は2015年に改訂された。グッド＝ガバナ
　　　ンスなどの普遍的価値を強調し，社会的な弱者への目配りも唱えるなど，評価されている点も多い
　　　んだけれども，国益への寄与を明言し，対象国の軍に対する援助も非軍事活動なら支援できるとし
　　　た点は，賛否両論があるよ。

問1　下線部ⓐについて，2018年の日本のODAの支出総額としてもっとも近い値を，次の①～④から一つ選び，番号で答えなさい。

　①２兆円　　②20兆円　　③200兆円　　④2000兆円

問2　下線部ⓑの「ひもつき」援助とはどのような援助のことか，50字以内で説明しなさい。

問3　下線部ⓒに関連して，近年，日本からのODAも受けている2002年に独立した，アジアでもっとも新しい国家の名称を答えなさい。

問4　グラフＡを参考にして，文中の（　ア　）に入る地域名を答えなさい。

グラフＡ

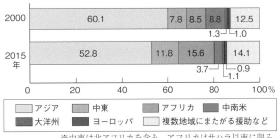

日本のODAの地域別配分

2000　60.1　7.8　8.5　8.8　12.5
　　　　　　　　　1.3　1.0

2015年　52.8　11.8　15.6　14.1
　　　　　　　3.7　0.9
　　　　　　　　1.1

0　20　40　60　80　100%

アジア　中東　アフリカ　中南米
大洋州　ヨーロッパ　複数地域にまたがる援助など

※中東は北アフリカを含み，アフリカはサハラ以南に限る。

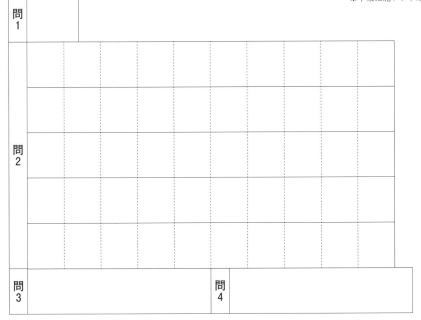

問1

問2

問3　　　　　　　　　　　問4

経済のグローバル化によって，どのような変化が起こったのだろうか。また，情報通信技術の発展は，グローバル化にどのような影響を与えたのだろうか。

【1】　ある高校の現代の移民について考える授業で使用した次の**ワークシート**を読み，**問1・問2**に答えなさい。

ワークシート

　冷戦終結後，市場経済が世界中に拡大し，ヒト・モノ・資本・情報の移動が国境を越えて活発におこなわれるグローバル化が進んだ。**地図A**と**地図B**はそれぞれ2012年と，1830〜1914年の移民の数を表した資料である。また1965年に1年間で7500万人が移住し，2015年には1年間で2億4000万人が移住したというデータもある。これらの資料と情報を使って，次の設問について考えてみよう。

> 設問Ⅰ　資料を見て，気づいたことをできるだけあげてみよう。
> 設問Ⅱ　人びとが移住をした原因を考えてみよう。

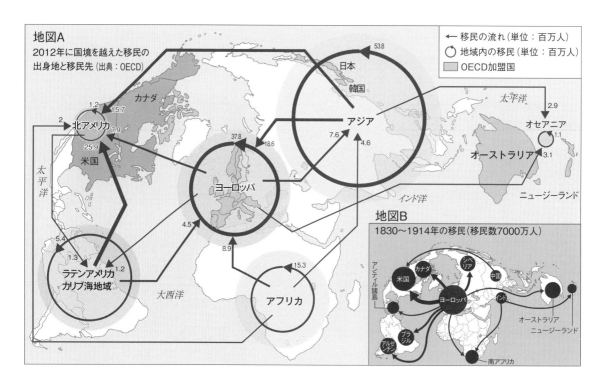

問1　ワークシートの設問Ⅰについて，生徒が考えた次の①〜③の意見のうち，資料から**読みとる**ことができないものを一つ選び，番号で答えなさい。

①　**地図B**ではヨーロッパから移住する人が多かったが，**地図A**ではヨーロッパに移住する人が増えている。

②　**地図A**で見ると，アジア地域内での移民の数はアジアから地域外への移民の数よりも多い。

③　**地図A**で見ると，ヨーロッパへの域外からの移住者は北アメリカへの域外からの移住者より多い。

問2　ワークシートの設問Ⅱについて，生徒が考えた次の①〜③の意見のうち，**適当でないもの**を一つ選び，番号で答えなさい。

　①　地図Bの時代に移民が増えたのは，蒸気船や蒸気機関車の発達が関係していると思う。

　②　地図Aを見ると，ヨーロッパや北アメリカに移住する人が多い。経済が発展したり，治安がよい地域に移住する傾向が見られる。

　③　地図Aを見ると，全地域で，地域内よりも地域外への移動が多い。移動距離や宗教や文化の違いはもう問題にされないことがわかる。

問1		問2	

【2】　次の**資料A**と**年表B**を参考にして，問1・問2に答えなさい。

資料A

問1　次のⅠ〜Ⅲの時期のトヨタについて述べた文として適当なものを，あとの①〜③から一つずつ選び，番号で答えなさい。

　Ⅰ　第2次石油危機のあとの時期

　Ⅱ　21世紀に入った時期

　Ⅲ　リーマン＝ショック直後の時期

　①　国内生産，海外生産とも急激に減少した。

　②　円高になり輸出が減少したため，海外での直接生産が本格化した。

　③　国内での生産量も増加したが，それ以上に海外での生産量が増加した。

問2　現代までのトヨタについて述べた文として正しいものを，次の①〜④から一つ選び，番号で答えなさい。

① 現在は，環境問題に配慮した自動車は生産されていないが，今後，生産されることが期待される。

② 2017年には日本での国内生産よりも海外生産の方が多くなっている。

③ 2017年の国内生産は過去最高である。

④ トヨタ自動車工業が設立されたのは，第二次世界大戦後のことである。

問1	I	II	III	問2	

年表B

1939〜45年	第二次世界大戦
1955〜73年	高度経済成長期
1973年	第1次石油危機
1979年	第2次石油危機
1980年代	日米貿易摩擦
1985年	プラザ合意
1989年	ベルリンの壁崩壊
1990年代	自動車貿易摩擦
1992年	環境と開発に関する国連会議（地球サミット）
1997年	京都議定書採択
2008年	リーマン＝ショック
2011年	東日本大震災

【3】　たろうくんと，ゆかこさんは，情報のグローバル化が進むことについて討論をしています。次の資料A・Bと二人の主張を読み，問1〜問3に答えなさい。

資料A　携帯電話の普及率（2017年）

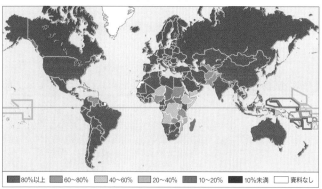

資料B　インターネットの普及率（2017年）

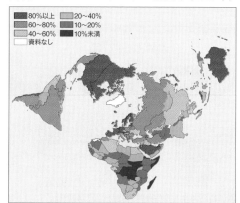

主張

たろうくんの主張：ⓐ情報化が進むことはよいことだと思うし，もうこの情報化は止められないと思うよ。インターネットも携帯電話もまったく普及していない地域はほとんどないよ。これから世の中はどんどん便利になっていくんだよ。いい時代に生まれたなぁ。

ゆかこさんの主張：確かに，インターネットも，携帯電話もまったく普及していない地域はないかもしれない。でも，地域によって差があるのが気になるな。とくに，ⓑ携帯電話の普及率が10％未満の国は少ないけれども，ⓒインターネットの普及率が10％未満の地域は結構あるよね。これが，情報格差につながって，経済的な格差にもつながるんじゃないかしら。

問1　下線部ⓐに関連して，情報化が進んだことで起こった変化について述べた文として**誤っているもの**を，次の①〜④から一つ選び，番号で答えなさい。

① 情報管理の必要性が高まり，個人情報を国家がすべて管理するようになった。

② 犯罪に情報機器が利用されたり，テロリストがネットで協力者を集めるようになった。

③ 海外のニュースが，一瞬で世界全土に発信できるようになった。

④ 国際的な金融取引がインターネットを使って，ほとんど時間をかけずにおこなえるようになった。

問2　下線部ⓑに関連して，**資料A**で携帯電話の普及率が20％未満の国について述べた文として**誤っているもの**を，次の①〜③から一つ選び，番号で答えなさい。

① 南スーダンは2011年にスーダンから独立したが，その後，国境紛争や内戦が起こった。

② 北朝鮮では，金日成の一族が政権を握り続けている。

③ マダガスカルでは，1990年代にアパルトヘイト政策が廃止された。

問3　下線部ⓒに関連して，**資料B**でインターネットの普及率が80％以上の国を，次の①〜④から一つ選び，番号で答えなさい。

①オーストラリア　　②中国　　③ロシア　　④インド

問1		問2		問3	

24 冷戦終結後の 国際政治の変容と課題①

冷戦はどのように終結し，そのことによってヨーロッパではどのような出来事が起こったのだろうか。また，日本の政治状況はどのように変わったのだろうか。

【1】 次の会話文を読み，問1〜問5に答えなさい。

写真A

先生：それでは，**写真A**を見てください。この二人の人物は，ずっといがみ合ってきた国の首脳です。その二人が笑顔で並んでいます。これがとても重要な出来事なんだというのはわかりますか。では，二人が握手をしている理由を考えてみましょう。

生徒：私は「[　ア　]」なのかなぁと思います。

先生：いい答えですね。では，そもそもこの二人は誰か知っている人はいますか？　二人の前におかれているのは国旗です。そこに注目してみましょう。
　　　左側の国旗は⒜アメリカ合衆国，右側の国旗は今は存在しない⒝ソ連です。

生徒：中学校で習いました！　アメリカ合衆国は（　イ　），ソ連は（　ウ　）です。

先生：よく覚えていましたね。

生徒：写真の二人の笑顔がとても素敵ですね。

先生：本当ですね。先生が子どもの頃，この映像をテレビを通じて見た時，⒞時代の変化が訪れたのだなぁと衝撃を受けました。

問1　写真Aで二人が握手している理由として，[　ア　]にあてはまる語句を考えて答えなさい。

問2　（　イ　）（　ウ　）に入る人名を，次の①〜④から一つずつ選び，番号で答えなさい。

　　　①サッチャー　　②ゴルバチョフ　　③カストロ　　④ブッシュ

問3　下線部⒜のアメリカ合衆国について説明している次の文中の（　エ　）〜（　カ　）に入る語句を，あとの①〜⑥から一つずつ選び，番号で答えなさい。

　　　第二次世界大戦後，世界人口の約6％を占めるアメリカ合衆国が，世界の鉱工業生産の6割以上を占め，金に関しては7割近くを保有した。アメリカ合衆国の通貨であるドルは国際通貨の中心として国際貿易の決済などに用いられる（　エ　）となり，アメリカ合衆国は世界経済の覇権を握った。しかし，1960年代に本格化した（　オ　）戦争への軍事介入や日本・西ヨーロッパの先進工業国の躍進などにより，財政が赤字になった。さらに1973年の第1次（　カ　）は，アメリカ合衆国を含む先進工業国の経済成長に深刻な打撃を与えた。この頃から，アメリカ合衆国一国を中心に国際経済が動く情勢ではなくなってきた。

　　　①中東　　　　　②石油危機　　　　③国際通貨基金
　　　④基軸通貨　　　⑤インドシナ　　　⑥ベトナム

問4　下線部ⓑのソ連に関係する次の**写真B〜D**を，年代順に並べなさい。

写真B

中距離核戦力（INF）全廃条約の調印をする両首脳

写真C

今も爪あとが残っているチェルノブイリ原子力発電所の事故

写真D

ソ連の軍事介入に抗議するプラハ市民

問5　下線部ⓒの時代の変化とは，それまでの争いが終結するということであった。この争いのことを何と呼ぶか，漢字2字で答えなさい。

問1					問2	イ	ウ	
問3	エ	オ	カ	問4		→	→	問5	

【2】　次の人物の発言の中の（　ア　）（　イ　）に入る語句を答えなさい。

人物

　1985年，ソ連共産党の書記長となった私は，（　ア　）（改革）を掲げ，国内の状況を変えようと努力した。その中でも，今まで機密事項であった国家情報などの公開に踏み切ったことは，（　イ　）（情報公開）と呼ばれ，国民の「知る権利」にこたえるかたちとなった。

ア	イ

【3】 東ヨーロッパの民主化について，**写真A・B**とその解説文を見て，問1〜問4に答えなさい。

1989年11月，世界に衝撃が走った。冷戦時代に@<u>東西ドイツの分断</u>を象徴していた**写真A**の（　ア　）を市民が乗り越え，そして市民の手によって壊されていく映像が世界中に流されたのである。冷戦時代には（　ア　）を乗り越えようとした市民約200人が射殺された。その悲しい過去の歴史が，（　ア　）の崩壊によって，一つの幕を閉じようとしているように見えた。その意味で，この出来事は⑥<u>新たな時代の幕開けを象徴するもの</u>であった。

写真A

問1　（　ア　）に入る語句を，次の①〜③から一つ選び，番号で答えなさい。
　　①エルベ川　　②ブランデンブルグ門　　③ベルリンの壁

問2　下線部@について，東西ドイツの正式な国名を答えなさい。

問3　下線部⑥について，東西冷戦の終結は，人びとに新たな希望を見出させた。人びとは世界がどのようになるだろうと考えただろうか。あなたの意見を簡潔に述べなさい。

問4　**写真B**と解説文を参考にルーマニアの政治体制はどのように変化したか。あなたの考えを簡潔に述べなさい。

ソ連が東ヨーロッパの社会主義圏に対する内政干渉を否定する宣言を出すと，ルーマニアを除き，ほぼ平和的に共産党一党独裁体制が崩壊し，議会制民主主義と市場経済に移行した。ルーマニアではチャウシェスクの独裁体制が続いてきたが，民主化運動は，1989年12月に反政府勢力に合流した国軍と共産党政権との武力衝突に発展した。そして，反政府勢力が勝利した。

写真B

問1		問2	東		西	
問3						
問4						

【4】 日本の「55年体制」の時期の写真A〜Dを年代順に並べた。これを参考に，問1・問2に答えなさい。

A 日本社会党の左右両派の統一

B 保守合同で自由民主党結党

C 東海道新幹線が開通

F 新進党の結党

E 国鉄の分割民営化

D 大阪で万国博覧会が開幕

問1 C・D・Eの出来事の年代を答えなさい。

問2 「55年体制」が崩壊した時の内閣総理大臣を，次の①〜③から一つ選び，番号で答えなさい。

①村山富市

②細川護煕

③小渕恵三

問1	C	年	D	年	E	年	問2	

25 冷戦終結後の 国際政治の変容と課題②

冷戦終結後に，地域統合組織はどのように拡大していったのだろうか。また，地域統合組織にはどのような問題が生じているのだろうか。

【1】 ヨーロッパの統合に関する次の文を読み，問1〜問5に答えなさい。

　ヨーロッパでは，国家の間で資源をめぐる争いが絶えなかった。この争いには，時代が進むにつれて，直接資源を争う国に加え，利害関係のある周囲の国家も介入し，激しさを増すようになった。第二次世界大戦後，復興の道を歩み出したヨーロッパ諸国は，協力体制を築くことが大切であると考えるようになり，年表Aに見られるように"争いから協調"へと動き始めた。

年表A

1952	㋐ヨーロッパ石炭鉄鋼共同体が発足する。
1958	ヨーロッパ経済共同体が発足する。
	ヨーロッパ原子力共同体が発足する。
1960	ⓐコーロッパ自由貿易連合が結成される。
1967	㋑ヨーロッパ共同体がⓑ6カ国で発足する。
1992	［　X　］条約を調印する。
1993	㋒ヨーロッパ連合が発足する。

問1　年表中の下線部㋐〜㋒の組織の略称を，次の①〜④から一つずつ選び，番号で答えなさい。
　　①EC　　②EEC　　③EU　　④ECSC

問2　年表中の下線部ⓐの組織は，ヨーロッパ経済共同体に対抗するためにつくられた。この組織を提案した国を答えなさい。

問3　年表中の下線部ⓑの6カ国に含まれない国を，次の①〜⑥から一つ選び，番号で答えなさい。
　　①イタリア　　②オランダ　　③東ドイツ
　　④フランス　　⑤ベルギー　　⑥ルクセンブルク

問4　年表中の［　X　］に入る地名を答えなさい。

問5　写真Bは，ヨーロッパ連合が1999年に共通通貨制度を創設したことを記念して，欧州中央銀行前に設置したモニュメントである。この時，創設された共通通貨の名称を答えなさい。

写真B

問1	㋐	㋑	㋒	問2		問3	
問4				問5			

【2】 ヨーロッパ連合の抱える問題について，授業での先生と生徒の会話文を読み，問1〜問5に答えなさい。

先　生：1993年に発足したヨーロッパ連合は，21世紀に入るとⓐポーランド・チェコ・ハンガリーなどの国々も加盟して，2018年現在の加盟国は28カ国となります。加盟国の増加だけを見ると，ヨーロッパの統合は順調に進んでいるように見えますが，深刻な問題も抱えています。

アキラ：2010年以降に問題となった（　ア　）の財政危機とそれに対する支援をめぐる問題とかですか？

先　生：それもありますが，2018年現在，もっとも深刻な問題は，2016年の国民投票で（　イ　）がヨーロッパ連合からの離脱を表明したことです。これに対して，国際社会は驚きを隠せませんでした。

ケンジ：確か，離脱支持が51.89％，残留支持が48.11％というわずかな差だったのですよね。どのような点が，問題となったのですか？

先　生：国民投票では，移民や人の移動の自由化に関すること，経済に関すること，安全保障・外交に関すること，という三つの分野が大きな争点となりました。とくに移民や人の移動の自由化に関する問題が重要視されました。それは，移民や人の移動が自由になると［　Ｘ　］と考えられたからです。

イサオ：確か，（　イ　）の正式名称は「グレートブリテンおよび北（　ウ　）連合王国」でしたよね。だとすると，地域による離脱・残留についての意見の差はなかったのですか？

先　生：よいところに気がつきましたね。国民投票で残留支持が多数だった⑥スコットランドでは，連合王国から独立しようとする気運が再燃しています。また，海外企業の撤退による経済の悪化も離脱した後の問題として深刻であるという意見もあります。さて，皆さんに質問です。この離脱が他国に与える影響としては，どのようなことが考えられるでしょうか？

ケンジ：ほかの国でも［　Ｙ　］ということになるとか……。

先　生：それが，もっとも恐れられている影響の一つでしょう。そうなってしまったら，長い時間をかけて進められてきた「ヨーロッパ統合」への努力は何だったのか，ということにもなりかねませんね。

問1　（　ア　）～（　ウ　）に入る語句を，次の①～⑤から一つずつ選び，番号で答えなさい。

　　①アイスランド　　②アイルランド　　③イギリス　　④ウクライナ　　⑤ギリシア

問2　［　Ｘ　］に入る文として適当なものを，次の①～④から一つ選び，番号で答えなさい。

　　①　全ヨーロッパ的に物流が活発になって経済が成長する。

　　②　国内の雇用環境が悪化する可能性がある。

　　③　移民による税収と労働力の増加が期待される。

　　④　移民との交流で新たな文化が創造される。

地図A

問3　［　Ｙ　］にあてはまる文を，先生の最後の話を参考にして答えなさい。

問4　下線部⑧の国々の東西冷戦期における共通点を答えなさい。

問5　下線部⑥の位置を，地図Aのあ～えから一つ選び，記号で答えなさい。

問1	ア	イ	ウ	問2	
問3					
問4				問5	

【3】 東南アジア地域の統合に関する次の文を読み，問1〜問3
に答えなさい。

写真A

写真Aは，1967年に新たな地域機構として東南アジア諸国連合
（ASEAN）が結成された時の第1回会議を撮影したものである。

ⓐインドネシア・ⓑマレーシア・ⓒフィリピン・タイ・シンガ
ポールの5カ国によって結成されたASEANは，当初，反共軍
事同盟という性格が強かった。このことは，1965年にインドネシ
アで親米的な（　ア　）が政治の実権を掌握したこと
からもうかがえる。

ほかの加盟国でも，フィリピンの（　イ　）政権や
シンガポールの（　ウ　）政権など，親米・反共的な
政権が強権的な路線をとりつつ経済開発を進めた。
しかし，（　エ　）戦争が終結した後，しだいに経済
協力の性格が強くなり，フィリピンとインドネシア
の2カ国では民主化運動によって強権的な政権は倒さ
れた。また，結成当初に封じ込めの対象であった
（　エ　）や，民主化が見え始めたⓓミャンマーなど
が新たに加盟し，当初の反共軍事同盟という性格か
ら地域協力の機構としての性格が強くなった。2015
年には，ASEAN経済共同体が発足し，域内の関税
の撤廃を目指している。

地図B

問1　（　ア　）〜（　エ　）に入る語句を，次の①〜⑤から一つずつ選び，番号で答えなさい。

①カンボジア　　②スハルト　　③ベトナム　　④マルコス　　⑤リー＝クアンユー

問2　下線部ⓐ〜ⓒで示した国の位置を，地図Bのあ〜えから一つずつ選び，番号で答えなさい。

問3　下線部ⓓのミャンマーについて，⑴⑵に答えなさい。

写真C

⑴　写真Cは，ミャンマー（旧ビルマ）独立の指導者アウン＝サンの娘であ
る。この人物の名前を答えなさい。

⑵　この人物が1991年に受賞した世界的に権威のある賞の名称を答えなさ
い。

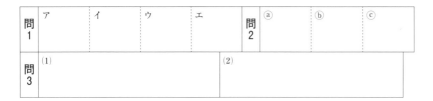

問1	ア	イ	ウ	エ	問2	ⓐ	ⓑ	ⓒ
問3	⑴				⑵			

【4】 次の写真の**人物**とその**発言**について, 問1～問3に答えなさい。

人物　　　　　　　　　発言

私は, (ア)。2016年の選挙で, (イ)党のヒラリー＝クリントンに勝ってアメリカ合衆国の第45代大統領になった。

今までの大統領とは違い, 初の(ウ)出身者ということも話題となった。私が当選した背景には, 移民の増加や文化の多様化に対する貧しい(エ)層の不満があったともいわれている。

私は, 選挙の時から訴えていることがある。(オ)との国境の壁を築くこともその一つだ。彼らは, わが国にいろいろな問題を持ち込んでくるからだ。

また, 就任式で発言した「⒜わが国の利益を最初に考える」という言葉にしたがって, ⒝メキシコ・カナダとの3カ国で結んでいた協定も見直しをさせた。何事も見直しが必要で, 必要であれば協力関係も解消しなければならないと考えている。

問1　(ア)～(オ)に入る語句を, 次の①～⑩から一つずつ選び, 番号で答えなさい。

①オバマ　　②カナダ　　③共和　　④軍人　　⑤黒人

⑥トランプ　　⑦白人　　⑧経済界　　⑨民主　　⑩メキシコ

問2　下線部⒜を意味する英語を, 次の①～③から一つ選び, 番号で答えなさい。

① America Best　　② America First　　③ America Great

問3　下線部⒝の協定を何というか答えなさい。

問1	ア	イ	ウ	エ	オ	問2	
問3							

【1】 冷戦終結後の地域紛争に関する**資料文1・2**と**解説文**を読み，**問1〜問4**に答えなさい。

資料文1 チームには（ ア ）主義にかたよっていた選手などいなく，みんなが普通の人間でした。（中略）ただ，当時は自分が@クロアティア人だとか，⑥セルビア人だとか，ムスリムだとか，なかなか大きな声を出していえるような時代ではありませんでした。（中略）選手たちが何に対しても実に勇敢で，規律正しくて，誠実だったので，（中略）ヨーロッパチャンピオンになれる可能性を秘めていましたし，もしかしたら，それ以上の結果があとに待っていたかもしれません。戦争が起きてしまったことが非常に残念でなりません。

資料文2 起きている状況を見ていることは非常につらく，（中略）当時のチームは，人びとの記憶の中に「戦争が起きなかったら何か達成できたのに」という一種のなぐさめとして，残りました。当時の［ X ］代表は，［ Y ］の象徴のような存在でした。世界を見わたしても私たちのような歴史をたどった国は稀です。チームにはさまざまな境遇におかれた選手が存在しながらも，皆が一緒になって生活していました。彼らのカリスマ性は今でも失われていません。

（「ワールド・サッカー・キング」2012年5月28日インタビューより）

解説文 これは2006年から2007年にかけて，サッカー日本代表監督を務めたイビチャ＝オシムの言葉である。彼は1986年に［ X ］代表監督に就任すると，代表チームを1990年のワールドカップ準々決勝進出に導いた。1992年に開催されるヨーロッパ選手権では優勝候補といわれるまでになったが，91年に始まった内戦の影響で，チームは国際大会から締め出され，幻の優勝候補となった。

地図A

問1 （ ア ）に入る語句を，次の①〜④から一つ選び，番号で答えなさい。

①国際　②資本　③社会　④民族

問2 ［ X ］に入る国名を答えなさい。

問3 下線部@・⑥の位置を**地図A**のあ〜えから一つずつ選び，記号で答えなさい。

問4 **グラフB**を参考にして，**資料文**の［ Y ］に適する語句を，次の①〜③から一つ選び，番号で答えなさい。

①多民族の対立と抗争

②多民族の協調と連帯

③冷戦終結後の社会

グラフB

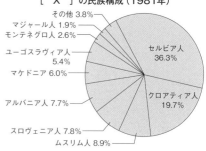

［ X ］の民族構成（1981年）

問1	問2	問3	@	⑥	問4

【2】 民間組織による国際協力について，次の先生と生徒の会話文を読み，問1～問3に答えなさい。

ヤスオ：先生，この前の「各国同士のいがみ合いや，国内での争いの解決に向けて私たちに何ができるのか」というレポートなんですが，ⓐ「国境なき医師団」を取りあげようと思うんです。

先　生：いいですね，どうしてそう考えたのですか？

ヤスオ：昨日，ⓑエボラ出血熱のニュースを見て，国境を越えて人びとに襲いかかる感染症や病気などの問題に取り組む人びとの活動に解決の糸口があるんじゃないかと思って。

先　生：よい着眼点だと思います。では，過去のⓒSARS（重症急性呼吸器症候群）の事例などを調べてみたことはありますか？

ヤスオ：いえ，ありません。

先　生：では，エボラ出血熱の流行地域とSARSの流行地域を，それぞれ地図上に記してみてください。

ヤスオ：わかりました。……これ，SARSは，何でこんなに飛び地のように流行しているのですか？

先　生：よいところに気づきましたね。SARSは中国南部で発生したとされていますが，その後は香港で流行し，2003年にアメリカ人のビジネスマンが中国を訪れたことで，アメリカ合衆国などにも広がったのです。

ヤスオ：エボラ出血熱はアフリカで流行しているようですが，ヨーロッパでは流行しなかったのですか？

先　生：いいえ，ヨーロッパの人も，罹患（りかん）していますが，罹患した人数は圧倒的に少なかったですし，治癒率（ゆ）も高かったのです。これはなぜだかわかりますか？

ヤスオ：う～ん，〔　Ｘ　〕ということだと思うけれども，くわしくはこれから調べてみます。

問1　下線部ⓐの活動を記録した写真として適当なものを，次の①～③から一つ選び，番号で答えなさい。

①

②

③

問2　下線部ⓑ・ⓒの感染症の発生状況を示した地域を**地図A**の㋐・㋑から一つずつ選び，記号で答えなさい。

地図A

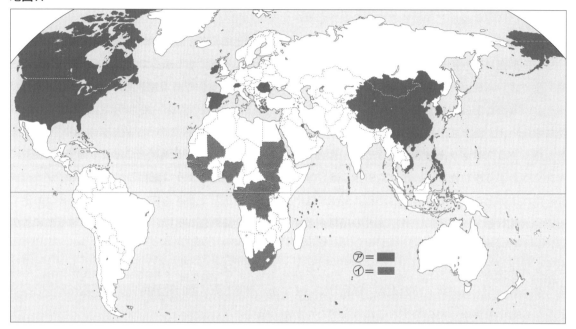

問3　[　X　]にあてはまる文として**適当でないもの**を，次の①〜③から一つ選び，番号で答えなさい。

①　流行地域にはヨーロッパ人があまり訪れなかった

②　ヨーロッパでは，医療が発達している

③　エボラ出血熱のウィルスは，熱帯地域でのみ活動する

問1		問2	ⓑ	ⓒ	問3	

【3】　次の「国際社会とテロ」と題した山川さんの作文を読み，問1・問2に答えなさい。

「国際社会とテロ」	3年○○組△△番	山川　史子

（Ⅰ）はじめに　この作文の目的は，私たちが持つ「テロ」という言葉を考え直すことによって，より深く「テロ」という言葉の意味を見つめることにある。

（Ⅱ）アメリカ合衆国と「テロ」　2001年9月11日，ニューヨークの世界貿易センタービルに旅客機が突入し，多くの市民が犠牲者となった。イスラーム過激派の「アル＝カーイダ」が起こしたとされるこの事件に対し，当時の大統領ブッシュは，アル＝カーイダを保護しているとしてアフガニスタンへの軍事行動に踏み切った。さらに，2003年にはイラクが大量破壊兵器を持っていると主張して，イラク戦争を起こしてサダム＝フセイン政権を崩壊させた。アメリカ合衆国は2009年にイラクからの戦闘部隊の撤退を発表したが，イラク戦争では10万人を超える民間人犠牲者が出たとされている。

（Ⅲ）ヨーロッパと「テロ」　2015年1月7日，ムハンマドをからかうかのような風刺画を何度も掲載してきたフランスの新聞社「シャルリー＝エブド」がイスラーム過激派とされる襲撃者に襲われ，編

集者ら12人が殺害された。その後，フランスでは表現の自由とテロとの戦いを訴えるデモが各地で起こった。ヨーロッパでも随一のムスリム人口を抱えるフランスでの衝撃は大きく，実行犯の身元の判明とともに，議論はヨーロッパ在住のムスリムや移民と地元社会との関係，経済格差といった社会問題にまで拡散した。

（Ⅳ）**考察にかえて**　「テロ」という言葉をどうとらえるのが「正解」なのかについて，私はここでは「棚上げ」したいと思う。アメリカ合衆国の言語学者・思想家であるノーム＝チョムスキーは『テロの帝国　アメリカ　海賊と帝王』（明石書店，2003）の中で（Ⅱ）の事例を取りあげながら，はたしてどちらがテロなのか，という趣旨の問いを投げかけた。（Ⅲ）の事例においても，その背後にはマイノリティーの生きづらさやヨーロッパ内部の格差・差別が渦巻いている。「テロ」という言葉から私たちがどのような意味を想像するべきなのか，その「正解」を求める前に，まず私たちが「テロ」という言葉に持つイメージを解体することから始めなければならないのかもしれない。

問1　作文の（Ⅱ）アメリカ合衆国と「テロ」の事例と関係のある写真を，次の①～③から一つ選び，番号で答えなさい。

①

②

③

問2　山川さんは，作文を見直しているうちに，次の文章を加えた方がよいと考えた。（Ⅰ）～（Ⅳ）のうちのどの文章のあとに加えるのがよいか，記号で答えなさい。

加える文章

　「テロ」という言葉を聞いて私たちは何を想像するだろうか。映画のワンシーン？　ニュースの映像？　もしかして，特定の人たちを想像したりしていないだろうか。そうだとしたら，私たちは物事の片面しか見ていないのかもしれない。辞書で「テロ」を調べてみると，「暴力的な事件」とある。そこには宗教も，肌の色も，性別も関係ない。にもかかわらず，私たちは「テロ」という言葉を特定のイメージと結びつけがちである。

問1		問2	

【4】　差別とそれに対する抵抗に関する次の文を読み，問1・問2に答えなさい。

　植民地や人種などにともなう構造的な貧困・差別・暴力の問題は，多くの国に遍在している。一方で，これらの構造的な問題に立ち向かった人びとも数多い。南アフリカ共和国では，長年にわたり⒜白人と黒人を隔離し，少数の白人による支配体制がとられてきたが，1991年にその支配体制を支えてきた法律が撤廃されると，差別撤廃運動を主導してきたアフリカ民族会議の指導者（　ア　）が大統領に選ばれた。

　インターネットやSNSの普及にともない，活動のあり方にも変化が生まれている。2014年にノーベル平和賞を受賞した（　イ　）は，パキスタンにおける武装組織ターリバーンの，女性への暴力や教育に対する破壊活動の実態と，教育の必要性を，命をねらわれながらもBBC放送のブログで発信し続けた。

問1　（　ア　）（　イ　）に入る人名を答え，それぞれの人物の写真を，次の①〜④から一つずつ選び，番号で答えなさい。

①　②　③　④

問2　下線部⒜の政策の名称を答えなさい。

問1	㈠人名		写真	㈡人名		写真
問2						

27 現代のアジアと日本の課題

現在，世界ではどのような問題が生じているのだろうか。そして，それらの問題に対して，日本はどのような役割をはたすことができるのか考えてみよう。

【1】 現代の紛争について述べた次の文Ⅰ～Ⅴを読み，問1～問3に答えなさい。

Ⅰ：この国で2010年末に起きた反政府デモは，（　ア　）と呼ばれる民主化運動として周辺各国に波及した。長期独裁政権に終止符を打った国もあるが，あシリアでは今だに内戦が続き，難民が発生している。

Ⅱ：この国では，フツ人とツチ人の内戦が起き，フツ人によるツチ人の大量虐殺がおこなわれた。

Ⅲ：この国では，仏教徒で多数派の（　イ　）人とヒンドゥー教徒で少数派のタミル人の内戦が発生した。

Ⅳ：この国の（　ウ　）大統領が，隣国クウェートに侵攻したが，国際連合の決議によるアメリカ軍を中心とした多国籍軍との（　エ　）戦争によってクウェートから撤退した。

Ⅴ：この国のターリバーン政権は，同時多発テロ事件を引き起こしたイスラーム急進派組織（　オ　）を保護しているとして，アメリカ合衆国の攻撃を受けて崩壊した。

問1　文Ⅰ～Ⅴの国名を次の①～⑧から一つずつ選び，また，その位置を地図Ａの⑧～⑩から一つずつ選び，番号と記号で答えなさい。

①インド　　②アルジェリア
③アフガニスタン　　④チュニジア
⑤スリランカ　　⑥ルワンダ
⑦イラク　　⑧イラン

地図Ａ

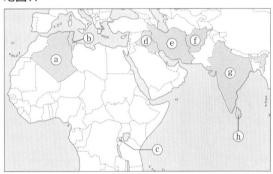

問2　（　ア　）～（　オ　）に入る語句を，次の①～⑧から一つずつ選び，番号で答えなさい。

①シンハラ　　②湾岸　　③サダム＝フセイン
④アラブの春　　⑤アル＝カーイダ
⑥ホメイニ　　⑦クルド　　⑧中東

問3　下線部あに関して，難民を受け入れた場合に生じる問題として，どのようなことが考えられるか答えなさい。

問1	Ⅰ国名	地図	Ⅱ国名	地図	Ⅲ国名	地図
	Ⅳ国名	地図	Ⅴ国名	地図		

問2	ア	イ	ウ	エ	オ

問3	

【2】　第二次世界大戦後の指導者の**写真A～D**と発言Ⅰ～Ⅳを見て，**問1・問2**に答えなさい。

写真A

Ⅰ

　　私は，文化大革命の際に，資本主義の道を歩む者と批判されて失脚しました。
復活後は，改革・開放政策を進め，人民公社の解体や農産物価格の自由化など
に加え，経済特区を設けて，外資や技術の導入を進めました。

写真B

Ⅱ

　　私は，私の国でおこなわれていた黒人に対する人種差別的隔離政策であるア
パルトヘイト政策を撤廃することに尽力しました。その後，黒人初の大統領に
選ばれました。

写真C

Ⅲ

　　私は，PLO議長として，国連に私たちがパレスチナを代表する機関である
と認めさせました。その後，アメリカ大統領の仲介を受けて，イスラエル首相
とパレスチナ暫定自治協定(オスロ合意)を結びました。しかし，その後，交渉
は行きづまってしまいました。

写真D

Ⅳ

　　私は，大統領として，北朝鮮との対話を呼びかける太陽政策を進めました。
この政策で，北朝鮮の金正日と朝鮮半島における初の南北首脳会談を開催しま
した。

問1　**写真A～D**の指導者の名前を，次の①～④から一つずつ選び，それぞれの発言として適当なものを
　　　Ⅰ～Ⅳから一つずつ選び，番号と記号で答えなさい。

写真E

　　①マンデラ　　②アラファト　　③金大中　　④鄧小平

問2　**写真E**は，対立していた同士が，ある国の大統領の仲介で，協定を
　　　結んだ時の写真である。この写真についての説明がⅠ～Ⅳの発言のど
　　　こかで述べられている。どの発言の中で述べられているかを，Ⅰ～Ⅳ
　　　から一つ選び，記号で答えなさい。

問1	A人物名	発言	B人物名	発言	C人物名	発言	D人物名	発言	問2	

【3】　ヨウスケくんのクラスでは，国際社会における日本の役割に関して，班にわかれて調べました。ヨウスケくんの班の発表内容を読み，問1～問3に答えなさい。

ヨウスケ：僕たちの班では，日本がアジアの発展にどのような影響を与えたのかを調べました。皆さん，日本外交の特徴とはどのようなものだと思いますか？　日本は，経済的な政策を中心において，外交を展開してきたという特徴があります。日本は平和主義を掲げる日本国憲法第9条によって，国際紛争を解決する手段に軍事力を使うことを禁じてきたのです。

サ チ コ：代表的な例が，（　ア　）などの援助や，技術移転です。発展途上国にとっては，（　ア　）の役割は大きいのです。日本は，従来，有償の援助の比重が大きく，交通や通信などの産業基盤の整備に重点をおきましたが，近年では医療や教育などの生活関連分野へ無償資金協力の比率が増えています。これが韓国や台湾，香港，シンガポールといった（　イ　）や東南アジア諸国で結成した（　ウ　）などの経済成長の一因になりました。このように（　ア　）のおかげで日本の友好国は増えましたが，経済面以外の貢献を求められるようになりました。

ヨウイチ：そこで，写真のように，ⓐ日本は1990年代前半から（　エ　）に参加するようになりました。経済面以外でも，平和のために努力することで他国の信頼を得られることが期待されています。

フ ミ カ：以上の話をまとめると，［　あ　］。以上で発表を終わります。質問は何かございますか。

問1　（　ア　）～（　エ　）に入る語句を，次の①～⑤から一つずつ選び，番号で答えなさい。

　　　① NIES　　② ASEAN　　③ AU　　④ PKO　　⑤ ODA

問2　下線部ⓐについて，**写真A**は（　エ　）に協力をしている一場面である。写真の内容から読みとれるものを，次の①～③から一つ選び，番号で答えなさい。

　　　①　財政的に援助を与え，現地の人たちが平和維持のために活動している。

　　　②　自衛隊が，戦場で武器を持ち，戦っている。

　　　③　国際連合(UN)と一緒に，自衛隊が現地で活動している。

写真A

問3　［　あ　］には，班の発表のまとめの文が入る。この発表のまとめとしてもっともふさわしいものを，次の①～③から一つ選び，番号で答えなさい。

　　　①　日本は，経済面での貢献をしてきましたが，経済面の貢献は今ではおこなっておりません。

　　　②　日本は戦争で負けて，お金や軍隊での支援ができなくなりました。

　　　③　日本は，経済面での貢献に加え，経済面以外でも貢献するようになりました。

問1	ア	イ	ウ	エ	問2		問3	

【4】 次の問1～問2に答えなさい。

地図A

問1　地図Ａの@に関する次の生徒同士の会話文を読み，（　ア　）～（　ウ　）に入る語句を，あとの①～④から一つずつ選び，番号で答えなさい。

ヨウスケ：日本は第二次世界大戦に敗れて，1951年の（　ア　）で，千島列島と南樺太を放棄したんだ。だけど，北方四島をめぐっては，日本とロシアの間で主張の対立があるよ。

サ　　キ：日本とロシアはそれぞれどのように主張しているの？

ヨウスケ：日本は，国後島・択捉島・歯舞群島・色丹島は，1855年の（　イ　）以来，歴史的に日本固有の領土であるため，千島列島には含まれないと主張し，4島すべての返還を求めている。一方，ロシアは，ヤルタ協定を通じて4島を獲得しており，歯舞群島・色丹島の2島については，1956年の（　ウ　）にもとづいて日ソ間に平和条約が締結された後に引き渡されると主張しているよ。

サ　　キ：両国の主張には大きな隔たりがあるけども，早期の解決が望まれるわね。

①日露和親条約　　②サンフランシスコ平和条約　　③日ソ共同宣言　　④日米和親条約

問2　地図Ａの⑥～@の**島名**を次の①～④から一つずつ選び，またその島についての日本政府の**主張や施策**をあとのＸ～Ｚから一つずつ選び，番号と記号で答えなさい。

島名　①尖閣諸島　　②沖ノ鳥島　　③竹島　　④南鳥島

主張や施策

Ｘ：日本政府は，この島は日本固有の領土であるが，韓国が不法に占拠していると主張している。

Ｙ：日本政府は，日本の最南端に位置するこの島を，排他的経済水域を維持するために，周囲をブロックで固める工事をおこなって保護している。

Ｚ：日本政府は，この島が固有の領土であり，有効に支配しているため，中国が主張しているように，この島をめぐって解決しなければならない領有権の問題はそもそも存在しないと主張している。

問1	ア	イ	ウ			
問2	⑥島名	主張	©島名	主張	@島名	主張

MEMO

MEMO

MEMO

MEMO

れき し そう ごう もん だいしゅう
歴史総合問題集

2020年 9 月25日　　第 1 版 1 刷発行
2022年11月25日　　第 1 版 3 刷発行

編　者　　NPO法人神奈川歴史教育研究会
　　　　　ほうじん か な がわれき し きょういくけんきゅうかい
監修者　　石橋功　西浜吉晴
　　　　　いしばしいさお　にしはまよしはる
発行者　　野澤武史
印刷所　　株式会社 太平印刷社
製本所　　有限会社 穴口製本所
発行所　　株式会社 山川出版社
　　　　　〒101-0047　東京都千代田区内神田1-13-13
　　　　　　電話　03-3293-8131（営業）　03-3293-8135（編集）
　　　　　　https://www.yamakawa.co.jp/
　　　　　　振替口座　00120-9-43993

*

歴史総合問題集　解答・解説

山川出版社

【1】[1]ユーラシア〈大陸〉　[2]アフリカ〈大陸〉

[3]北アメリカ〈大陸〉　[4]南アメリカ〈大陸〉

[5]オーストラリア〈大陸〉　[6]南極〈大陸〉

[A]太平洋　[B]大西洋　[C]インド洋

㋐—東アジア　㋑—中央アジア　㋒—東南アジア

㋓—南アジア　㋔—西アジア　㋕—北ヨーロッパ

㋖—西ヨーロッパ　㋗—南ヨーロッパ

【2】①—大西〈洋〉　②—イベリア〈半島〉

③—地中〈海〉　④—スカンディナヴィア〈半島〉

⑤—バルト〈海〉　⑥—ライン〈川〉　⑦—エルベ〈川〉

⑧—ドナウ〈川〉　⑨—ピレネー〈山脈〉

⑩—アルプス〈山脈〉　ⓐ—スウェーデン

ⓑ—ロシア　ⓒ—ポーランド　ⓓ—イギリス

ⓔ—ドイツ　ⓕ—フランス　ⓖ—スペイン

ⓗ—イタリア　ⓘ—ハンガリー　ⓙ—ギリシア

【3】①—黒〈海〉　②—カスピ〈海〉

③—ティグリス〈川〉　④—ユーフラテス〈川〉

⑤—スエズ〈運河〉　⑥—ナイル〈川〉　⑦—紅〈海〉

⑧—アラビア〈半島〉　⑨—ヒンドゥークシュ〈山脈〉

⑩—インダス〈川〉　ⓐ—トルコ　ⓑ—エジプト

ⓒ—イラン　ⓓ—サウジアラビア

【4】①—インダス〈川〉

②—ヒマラヤ〈山脈〉　③—デカン〈高原〉

④—ガンジス〈川〉　⑤—マレー〈半島〉

⑥—ジャワ〈島〉　⑦—モルッカ(マルク)〈諸島〉

ⓐ—インド　ⓑ—パキスタン　ⓒ—ラオス　ⓓ—タイ

ⓔ—カンボジア　ⓕ—シンガポール　ⓖ—フィリピン

【5】①—チベット〈高原〉　②—モンゴル〈高原〉

③—山東〈半島〉　④—黄河　⑤—長江

⑥—東シナ〈海〉　⑦—南シナ〈海〉　ⓐ—モンゴル

ⓑ—中華人民共和国(中国)

ⓒ—朝鮮民主主義人民共和国(北朝鮮)

ⓓ—大韓民国(韓国)

【6】①—ロッキー〈山脈〉　②—ミシシッピ〈川〉

③—カリブ〈海〉　④—パナマ〈運河〉

⑤—アマゾン〈川〉　⑥—アンデス〈山脈〉

⑦—マゼラン〈海峡〉　ⓐ—アメリカ合衆国

ⓑ—メキシコ　ⓒ—キューバ　ⓓ—ペルー

ⓔ—ブラジル　ⓕ—アルゼンチン

【7】①—サハラ〈砂漠〉　②—ナイル〈川〉

③—コンゴ〈川〉　④—大西〈洋〉　ⓐ—アルジェリア

ⓑ—チュニジア　ⓒ—エジプト　ⓓ—マリ

ⓔ—ガーナ　ⓕ—エチオピア　ⓖ—南アフリカ

❶ 18世紀のアジアの経済と社会

【1】問1② 　問2④ 　問3② 　問4①・④

解説 この問題のグラフは，1500年から2001年までの世界のGDPに占める各地域の比重の変遷を示したものである。大航海時代以降，世界経済の中心は，ヨーロッパやアメリカになったと考えてしまいがちだが，実際には違う。アヘン戦争，インド大反乱(シパーヒーの反乱)頃まで，中国・インドの経済力は強大であった。1820年までは，インドと中国で世界のGDPの50％以上を占めていた。その後，1870年以降はヨーロッパ・アメリカの割合が増えるが，2001年になると再び中国，そしてアジアのGDPの割合が増えている。経済的にヨーロッパが優位に立っていたのは，約150年間程度のことである。

【2】問1 (ア)③ 　(イ)⑤ 　(ウ)④ 　(エ)⑧ 　(オ)⑥

(カ)① 　問2② 　問3 (1)③ 　(2)①

問4④

解説 アヘン戦争以前のイギリスと，中国を中心とする国々との関係に関する問題である。当時のイギリスは中国から茶や陶磁器を輸入しており，表Bを見ればわかる通り，輸入量は時代とともに増加していった。ただし，イギリスが中国に輸出するものはとくになく，イギリスは銀を輸出するしかなかった。その銀のかわりに，アヘンを中国に輸出するようになって，アヘン戦争が起こった。一方で，イギリスでは中国やアメリカ各地からの輸入品によって，人びとの生活が変化していった。

【3】問1 (1)③・⑤ 　(2)③ 　　問2 (1)中継貿易

(2)① 　(3)①

解説 江戸時代の日本についての問題である。当時の日本は「鎖国」をしていたといわれるが，一切の対外関係を断ち切っていたと考えると間違いである。朝鮮，アイヌ，琉球，明・清など周辺の国や地域とは貿易をおこなっていたし，オランダともおこなっていた。当時は，パスポートがあったわけでもないので，上記の国や地域以外の人が入国していた記録は，シーボルト以外にも残っている。オランダは，日本との貿易で銀を手に入れることができ，強国になることができた。

【4】問1 シャクシャイン 　問2 (ア)④ 　(イ)①

問3② 　問4①

解説 アイヌは，ロシアや清などと交易をおこなっていたし，琉球王国は清とも交流していた。さらに日本を通じて，アイヌの昆布が琉球や中国にまで伝わっていた。このように，東アジア一帯で相互におこなわれていた交易もチェックしておきたい。

◆2 **工業化と世界市場の形成①**

【1】問1 ワット　　問2 ③　　問3 ③　　問4 ②
　　問5 ④　　問6（1）③　（2）②　　問7 ③
【2】問1 フルトン　　問2 スティーヴンソン　　問3
②

解説 産業革命は，わかりやすい年号や印象的な事件のようなものはないが，人類史上の稀に見る大きな変化だった。産業革命は，どのような必要があって起こったのか。また，なぜイギリスは他国に大きく先んじて産業革命を成しとげたのか，それを可能にした条件とは何だったのか。産業革命で社会はどのように変化したのか，といった点はよく注意して学習しよう。また，暗記にはなるが，おもな発明品と発明者も覚えておきたい。

【3】問1 共産党宣言　　問2 ①　　問3 ④　　問4
①　　問5（例）労働者の生活環境は悪化した
【4】問（例）工業地域では，排気のため町全体が黒ずみ，黒い蛾が保護色となって生き残りやすく，農村ではこの現象が起こらなかった。

解説 産業革命によって起こされた社会の変化は，今も続いている。そして，この大変化で生じた問題点も，その多くが今日に引き継がれている。一つは貧富の差の拡大である。富裕な者が貧しい者を悪条件で酷使して大きな利益をあげ，放置すれば格差がますます開いてしまうこと。その対策はどうするべきなのか。また，産業が排出するさまざまな廃棄物による汚染と，人類はどう向き合うべきなのか。現代的なテーマであることを肝に銘じて学習しよう。

◆3 **工業化と世界市場の形成②**

【1】問1 ①　　問2 ③　　問3 ④　　問4 ④・広州
解説 朝貢貿易を基本とし，外国との貿易に消極的な清と，産業革命の成功や茶の需要増大をふまえて貿易を拡大したいイギリスのせめぎ合い，それらを背景に始まったアヘン貿易といった19世紀中期の基本的な世界経済の構図を読み解きたい。また，2枚の乾隆帝の絵に関しては，この時代の白人のアジア人への蔑視が色濃くにじんでいることにも着目したい。
【2】問1 Ⅲ→Ⅱ→Ⅰ→Ⅳ　　問2 Ⅷ→Ⅵ→Ⅴ→Ⅶ
解説 イギリスのアヘン貿易，硬骨の官僚である林則徐の取締り，アヘン戦争の勃発，南京条約による清の開港という流れ，また清が強国だった頃にロシアと結んだネルチンスク条約，英仏との戦争や太平天国の乱で清が苦しむのにロシアが乗じたアイグン条約，アイグン条約をさらに推し進めた北京条約，ロシアが中央

アジアでも清の領土をねらったイリ事件という流れがわかれば，必ずしも年代を暗記していなくても答えられる。

【3】問1（ア）⑥　（イ）③　（ウ）⑧　（エ）①　　問2 A
　－⑤　B－②　C－③　D－①　E－⑥　F－
　④　　問3（1）（ア）生糸　（イ）イギリス　（2）
①　　問4 攘夷

解説 ペリーはあまりにも有名であるが，ほかにもそれ以外の7人も19世紀のアジアを語る上で欠かせない重要な人びとである。東南アジアで，唯一独立を守ったタイの近代化の立役者チュラロンコン（ラーマ5世），太平天国の乱の指導者洪秀全，中国近代化の推進者で日清戦争でもでてくる李鴻章，日本の近代化に重要な役割をはたした岩倉具視，日本と清の間で揺れた19世紀末期の朝鮮王朝を象徴する閔妃など，肖像画でもしっかりと確認しよう。

◆4 **立憲体制と国民国家の形成①**

【1】問1（ア）日本　（イ）帝国　（ウ）大西洋　（エ）言語
　（オ）歴史　　問2（例）産業を発展させるための公共施設（鉄道・港・道路など）を建設するため／統一された国内市場を形成するため

解説 産業革命を国内で達成するためには，国民国家の形成が不可欠であった。問題にあるように，国内市場の形成，国内の近代化の基盤をつくりあげるためには，国民国家が必要であった。国民国家として必要な共通な言語，共通な国民意識形成が，19世紀の先進各国で進められていった。

【2】問1（X）平等　（Y）自由　　問2 ③　　問3 ③
　問4 ②

解説 アメリカ合衆国の独立が独立革命と呼ばれるのは，ここに出されたアメリカ独立宣言が高らかに人間の自由と平等を宣言しているからである。しかし，女性，黒人奴隷，先住民たちの自由と平等の確立には時間がかかった。ヨーロッパ各国が19世紀前半までには廃止した奴隷制度を，アメリカ合衆国は南北戦争時の1863年にリンカン大統領が奴隷解放宣言を出すまで続けていたことは有名である。

【3】問1（X）抵抗　（Y）主権　　問2 ④　　問3 ①
　問4 ②

解説 国家を体現した国王を処刑しても国家が存続し得ることを世界に示したため，フランス革命は典型的な市民革命とされる。革命の成果が史料に示された人権宣言である。この革命の成果をヨーロッパに広げ，近代法の出発点であるフランス民法典をつくったのが

ナポレオン＝ボナパルトである。

【4】問1　A－ビスマルク　B－ナポレオン3世（ルイ＝ナポレオン）　C－カヴール　D－ディズレーリ　問2　(ア)オーストリア　(イ)ベトナム　(ウ)サルデーニャ　(エ)インド　問3　A－②　B－④　C－⑥　D－①

解説　ここに登場する国々は，現在のG7の国々である。これらの国々では，ここに登場した優れた指導者が存在したことが発展につながった。しかし，これらの国々が発展するためには，犠牲となった国々があったことは忘れてはいけない。

◆5　立憲体制と国民国家の形成②

【1】問1　(ア)香港（島）　(イ)インド大反乱（シパーヒーの反乱）　(ウ)太平天国　問2　アヘン　問3　②

解説　19世紀に産業革命を成しとげ，国民国家を形成したイギリスは，積極的にアジアに進出した。とりわけ豊かな中国・インドはその標的となった。イギリスのアジア進出に，中国がどのように対応したかも見る必要があろう。

【2】問1　①　問2　(1)③　(2)治外法権（領事裁判権）　(3)関税自主権がないこと。　問3　①

解説　アメリカ合衆国の「黒船来航」を契機に，幕末の動乱期をむかえる。また，アメリカ合衆国やヨーロッパの列強と結んだ条約は，治外法権を認め，関税の自主権がない不平等条約であった。この条約を平等な条約に改正することが，明治維新以降の外交の大きな課題となった。

【3】問1　(1)イ　(2)択捉島（エトロフ島）　(3)従来通り境界を定めないこととされた。　(4)④　問2　④　問3　②

解説　開国以降，日本は近代国家の条件として，明確な国境を定めていくようになる。日露和親条約で画定された国境では，現在の北方領土は日本領とされていた。また，南の国境線画定のための琉球処分，台湾出兵なども確認しよう。さらに，岩倉使節団がはたした役割も確認しておこう。彼らが訪問した頃のイギリスは，産業革命を成しとげたあとであった。

◆6　列強の帝国主義政策とアジア諸国の変容①

【1】問1　(ア)②　(イ)③　(ウ)⑤　問2　(例)ヨーロッパからインドへの距離を短縮した。

解説　オスマン帝国は，16世紀に最盛期を迎えた。しかし，18世紀末以降はとりわけバルカン地域で民族的な自立の動きが見られ，アラブ地域においてもイスラーム教の改革を唱える人びとの運動によって，アラブ人の民族意識が高まった。こうした危機を迎えたオスマン帝国は，西欧化改革を進めるが，結果的に西欧の資本の進出が急速に進むことで，西欧に従属した。

【2】問1　(ア)①　(イ)⑦　(ウ)⑤　(エ)④　(オ)⑨　問2　X－(例)象徴，誇り，シンボルなど　Y－(例)取ってかわった　問3　(例)イギリスの植民地支配，もしくは近代化への批判／インドの伝統に対する誇り

解説　インドが，イギリスの植民地であったことはよく知られている。インドは，古来より優れた綿布をつくり，アジアからヨーロッパにかけて広く輸出していた。しかし，イギリス・フランスの進出によってインド社会は大きく変容したことを押さえておこう。インドをめぐる国際関係，とりわけイギリスとフランスの関係は押さえておきたい。また，イギリスの産業革命によるインド社会の変容がガンディーの独立運動とも結びついていることを押さえておこう。

【3】問1　(ア)①　(イ)③　(ウ)⑥　(エ)⑦　(オ)④　問2　ジャワ　問3　(例)砂糖やタバコなど，商品作物を栽培させられたから。　問4　(例)イギリスとフランスが衝突するのを避けるため。

解説　東南アジアには，さまざまな西欧諸国が進出した。一つひとつ確認しながら記憶していく必要がある。この地域は，香辛料の交易で繁栄した。西欧諸国が東南アジアに到達すると，商業的利潤の追求から世界市場へと結びつけられ，商品作物を生産させられた。一方でタイは，チュラロンコンによって近代国家が樹立され，独立を維持したことを押さえておこう。

【4】問1　①　問2　(例)アフリカの住民の「同意」なしで分割が進められたから。

解説　アフリカの植民地化は，直線的な国境線の設定など現地の状況を無視したものであったため，紛争の多発など，現代の社会にも大きく影響を与えた。アフリカのヤシ油は石鹸の材料，ピーナッツは石鹸・マーガリンの材料であった。そして，ヨーロッパで衛生概念が広がり石鹸の需要が増したこと，労働者の間で高価なバターの代用品として安価なマーガリンに対する需要が増したことが，ヨーロッパ諸国にアフリカの重要性を認識させ，アフリカ進出が始まった。アフリカでは，イギリス・フランスだけではなく，ほかのヨーロッパ諸国も植民地を獲得していたことも押さえておこう。現代にも残る紛争の問題は，ヨーロッパ諸国の帝国主義政策が大きな原因の一つとなっている。同時

に当時のアフリカの住民の抵抗運動が，アフリカの民族運動に影響を与えていることも押さえておこう。

❼ 列強の帝国主義政策とアジア諸国の変容②

【1】問1 (ア)③ (イ)⑧ (ウ)① (エ)⑥ (オ)⑤
問2 下関条約　問3② 問4 X—① Y—④ Z—⑥

解説　日清戦争に至るまでの日本と清の朝鮮をめぐる対立，および日清戦争後に，日本が台湾を獲得し支配していく過程を，日本・清・朝鮮・ロシアなどの動向からとらえよう。

【2】問1 ⓐ—④ ⓘ—③ ⓤ—② ⓔ—⑤ ⓞ—①
問2 (ア)⑥ (イ)③ (ウ)⑤ (エ)② 問3④ 問4④

解説　日清戦争後の欧米諸国と日本が，中国進出を加速させたこと，そのことによって中国国内から反発が発生したことを理解しよう。また，日本は清に勝利したことを背景に，朝鮮に対する影響力を強めたことも押さえておこう。

【3】問1 (ア)① (イ)③ (ウ)④ 問2 ポーツマス条約　問3③ 問4 与謝野晶子　問5 X—② Y—④

解説　日露戦争前後の国際情勢と，戦争による日本とロシア，およびアジア諸地域における影響を確認しよう。日露戦争の背景の一つには，ロシアとイギリスの対立があったこと，日本の辛勝によってアジアの民族運動に刺激を与えたことを知ろう。

【4】問1 (Ⅰ)③ (Ⅱ)② (Ⅲ)① (Ⅳ)④ 問2 ⓐ—② ⓑ—⑤ 問3④ 問4 X—朝鮮総督府 Y—南満洲鉄道　問5 A—④ B—② C—③ D—⑤

解説　日露戦争後，日本が朝鮮に対する支配をどのような過程で進めたか。また日本が，日露戦争の主要な戦場となった中国東北部(満洲)への支配をどのように進めたかもあわせて理解しよう。

❽ 第一次世界大戦の展開

【1】問1 (ア)⑦ (イ)⑤ (ウ)① (エ)⑩ (オ)②
問2② 問3 ボスニア＝ヘルツェゴヴィナ

解説　第一次世界大戦開戦までの経緯については，ドイツを中心としたヨーロッパの外交関係を必ず押さえておきたい。19世紀後半には，フランスの孤立化をねらったいわゆる「ビスマルク外交」がおこなわれた。それが崩れた20世紀初頭には，ヨーロッパ列強が三極化(英，仏露，独墺伊)し，その中で日露戦争が勃発した。

その後，ドイツを中心とする三国同盟とそれを包囲する三国協商が成立し，列強は二極化した。

【2】問1 (ア)インド (イ)アメリカ (ウ)オスマン帝国　問2③

解説　第一次世界大戦については，東部戦線と西部戦線に分けて戦局の推移を理解するとわかりやすい。東部戦線においてはタンネンベルクの戦い以降，ドイツがロシアを圧倒した。西部戦線においては，マルヌの戦いでドイツ軍の進撃が食い止められた後，膠着状態が続いた。海上では，ドイツが制海権の掌握を目指して無制限潜水艦作戦をおこなったが，これがルシタニア号事件を招き，アメリカ合衆国の参戦を許すことになった。

【3】問1 (ア)⑥ (イ)② (ウ)③ 問2②

解説　第一次世界大戦は，従来の戦争とは異なる「総力戦」で，おもに軍人のみが戦争に関わるそれまでの戦争とは異なっていた。勝利のため，国の資源(人・物資・資本など)のすべては戦争に投入され，相手の国力を削るために，新兵器(戦車・毒ガス・飛行機など)による民間人の殺害も多くおこなわれた。その結果，女性や植民地の人びとも戦争に動員され，このことが，戦後の各国における婦人参政権獲得運動や民族運動の高揚につながった。

【4】問1 (ア)ドイツ (イ)イギリス (ウ)中国　問2③

解説　ヨーロッパの主戦場から遠く離れていた日本は，アメリカ合衆国とともに第一次世界大戦で経済的に大きな飛躍をとげた。大戦景気を迎え，「成金」と呼ばれる富豪が登場したのはこの頃である。また日本は，東アジア・太平洋地域への進出も積極的におこない，中国に対しては二十一カ条の要求を提出し，ドイツの南洋諸島を占領した。こうした日本の進出は，列強の警戒心を高めさせ，戦後のワシントン体制において，その権益は抑制されることになった。

❾ 第一次世界大戦後の国際協調体制①

【1】問1 (ア)③ (イ)② (ウ)① (エ)④ 問2 (Ⅰ)① (Ⅱ)③ (Ⅲ)① (Ⅳ)④ 問3 (あ)4 (い)農業 (う)工業　問4 (え)② (お)① 問5 (オ)ロシア (カ)原敬 (キ)男性普通　問6 (X)利益をあげた (Y)終わった (Z)下がった

解説　第一次世界大戦は，世界に絶大な影響をおよぼした。戦争特需によって，アメリカ合衆国や日本の工業化がいちじるしく進んだ。また戦地に赴いた兵士た

ち，そして総力戦を支えた労働者たちは，政治意識に目覚め，それまでの支配体制には容易に従わなくなった。労働者の賃金が上昇し，政治参加を求める運動も活性化した。イギリスでは，労働党政権が誕生し，各国で女性参政権も実現した。そうした世界の大きな流れの中で，日本でも社会運動の増加，政党内閣の誕生，普通選挙の実現など，「大正デモクラシー」と呼ばれる風潮がみられたことを理解したい。

【2】問1 Ⅰ─③　Ⅱ─②　Ⅲ─①　　問2（1）レーニン　（2）（イ）王族　（ウ）聖職者　（エ）資本家　　問3②　　問4（1）農民　（2）労働者

解説　ロシアで社会主義革命が起こった理由として，近代まで農奴制が続き，貧しい農民がたくさんいたことは大きな要因である。図Aの風刺画からは，貴族や金持ちに対する憎悪が革命の原動力になったことが読みとれる。二月革命で成立した臨時政府が戦争継続を選択したことが，結果的に民衆の支持がボリシェヴィキら社会主義勢力の側についてしまうことにつながったといえるだろう。問3のⅤの戦時共産主義政策とは，革命政府が反革命派との戦いのため，農民の食料を強制的に徴収した政策である。この結果，おびただしい犠牲者が出ている。

【3】問1（ア）②　（イ）③　　問2（1）（X）1870　（Y）1910　（2）第一次世界大戦

解説　世界市場を制覇したイギリスの綿製品も，19世紀末になるとアジアでの優位性を失った。最大の要因は，「東洋のマンチェスター」と呼ばれた日本の大阪が，一大紡績都市に成長したことである。広大な中国市場をめぐって各国がしのぎを削ったが，まずインド産綿糸が急速にシェアを伸ばし，やがて日本が追随した。そして，第一次世界大戦の勃発によってヨーロッパでの需要が増大し，綿糸価格が上がると，中国では国内産綿糸が輸入綿糸を代替する契機となり，中国の工業化がにわかに拡大した。

⑩ 第一次世界大戦後の国際協調体制②

【1】問1（ア）①　（イ）③　（ウ）②　（エ）⑨　（オ）⑥　　問2③　　問3ガンディー

解説　第一次世界大戦とその終結は，世界各地にさまざまな影響をおよぼした。戦勝国の植民地・勢力圏となっていたアジア・アフリカでは，ウィルソンの「民族自決」に刺激されて，独立運動や自治を求めるなどの民族運動が活発化した。一方，敗戦国の植民地・勢力圏だった地域は，統治権が戦勝国に引き継がれたり，西アジアのように新たな分割線によって「委任統治」と

いう名の新たな支配を強制された。東アジアでは，日本統治下の朝鮮半島，さらには中国で民族運動が高まった。インドではガンディーが非暴力・不服従運動を指導し，東南アジアでもホー＝チ＝ミンが頭角を現していった。

【2】
（ア）国際連盟　（イ）孤立　（ウ）常任理事　（エ）新渡戸稲造

解説　第一次世界大戦の終結を，日本は戦勝国の立場で迎えた。新設された国際連盟の常任理事国となるなど，国際的地位を高めた。しかし，アメリカ合衆国をはじめとする列強の中には，アジア人に対する差別観も根強く，とくにアメリカ合衆国は国内の雇用問題などからアジア人移民の制限をおこなうようになった。

【3】問1①─Ⅱ　②─Ⅲ　④─Ⅳ　　問2①　　問3②

解説　第一次世界大戦後のヨーロッパでは，ある程度の国際協調と軍縮に傾いた。しかし，日本はアジアにおけるヨーロッパ諸国の存在感が低下するのに乗じて，大陸への進出を強めたのである。日本の動きを警戒した諸国は，国際会議や国際条約で日本の動きを牽制する集団安全保障体制で臨んだ。そうした概要をつかんだ上で，個別の事項を確認してもらいたい。

【4】問1（例）大日本帝国憲法では，強大な天皇大権を認めているため，不戦条約における「人民ノ名ニ於テ」という文言について，日本政府としては，適用外とする必要があった。　問2ロンドン　問3③・④

解説　国際協調と軍縮の時代にあって，日本はその独自の体制と世界の基準との折り合いをつけるべく妥協点を探った。その証が「帝国政府宣言書」である。日本の枢密院や右翼から批判された不戦条約は，「戦争の違法化」という画期的なもの。結局，第二次世界大戦で再び戦争を経験することになるのだが，不戦条約が戦後のニュルンベルク国際軍事裁判において侵略戦争を違法とした根拠になった点は，注目したい。また，戦間期にロカルノ条約でドイツの国際連盟加入は承認された。そして，ドイツ・日本の国際連盟を脱退した後の1934年に，社会主義国のソ連がついに加盟した。

⑪ 大衆社会の形成と社会運動の広がり①

【1】問1②　　問2（ア）⑤　（イ）③　（ウ）②　（エ）④　（オ）①　　問3大正デモクラシー　　問4①　　問5ファシズム

解説　第一次世界大戦後の世界では，社会の大衆化と，

ロシア革命に影響を受けた社会主義運動の世界的な活発化が特徴的な傾向として見られた。その具体的な例として，イギリスの労働党政権の成立，ドイツにおける社会民主党の台頭，日本における大正デモクラシーなどがあったことを押さえておこう。一方で，社会主義の伸張に不安感をいだく勢力がファシズムを目指したが，これにも大衆の動員が不可欠であったことに留意しよう。

【2】問1 ②　問2 プロテスタント　問3 ②　問4 国民意識(愛国心)の育成

解説　第一次世界大戦後の大衆消費社会の形成がもっとも顕著に見られた国は，アメリカ合衆国であった。しかし，経済的な繁栄やさまざまな大衆文化の隆盛の裏側で，WASP (White, Anglo-Saxon, Protestant の頭文字)と呼ばれる白人プロテスタントの道徳意識の上に立った社会の保守化(禁酒法など)も同時に強くなっていったことに目を向けたい。また，世界各地から移民が流入したため，「アメリカ国民」を創造するために，学校教育が大きな役割をはたしたことにも留意しよう。

【3】問1 選挙法改正　問2 (ア) ④ (イ) ③ (ウ) ① (エ) ②　問3 (あ) 太陽　(い) 月　問4 ④

解説　第一次世界大戦中に女性が軍需工場などに動員されたことは，戦後における女性の社会進出を進める結果をもたらした。女性参政権の要求運動もその過程で盛りあがっていった。こうした動きは，日本にも影響を与え，1920年の新婦人協会設立につながっていったのである。世界各国における女性参政権の獲得年も，確実に学習しておこう。

🔴12 大衆社会の形成と社会運動の広がり②

【1】問1 増税　問2 (ア) ④ (イ) ①　問3 ②　問4 大韓帝国(韓国)

解説　日本とロシアの両国が朝鮮進出をねらっており，そのことが日露戦争のきっかけだったことを理解する。また，日露戦争後の日本社会の様子や日本の領土拡大についても押さえよう。

【2】問1 貴族院　問2 ①　問3 ③　問4 (ア) ② (イ) ④

解説　日露戦争において賠償金が獲得できなったことなどにより，民衆の不満が高まり，日比谷焼打ち事件が発生した。日本では，これ以降，自分たちの考えを訴えるため，民衆が集団で抗議する姿が見られるようになった。

【3】問 (ア) ③ (イ) ① (ウ) ⑥ (エ) ⑦ (オ) ⑤

(カ) ④　(キ) ②

解説　清が滅亡して以降，中国におけるナショナリズムは高まっていた。日本が二十一カ条の要求を出すと中国のナショナリズムはさらに高まりを見せ，排日暴動などが発生した。また，欧米諸国の考え方を中国国内でも取り入れていこうという考えが登場してきた。

🔴13 国際協調体制の動揺①

【1】問1 (ア) ② (イ) ⑦ (ウ) ⑥ (エ) ⑩　問2 ①　問3 価格を上昇させて　問4 食料の配給をおこなう

解説　1929年10月から始まった世界恐慌の原因には諸説あるが，基本的には第一次世界大戦後における世界的な生産過剰により，「モノが余る」状況になったこととされている。そのため，アメリカでは農業調整法(AAA)や全国産業復興法(NIRA)を制定して，生産の管理をおこなうとともに，失業者救済のために公共事業を増加させた。ケインズ経済学にもとづいたこの政策は，以後の世界で恒常的に実施されるようになった。

【2】問1 (Ⅰ) ① (Ⅱ) ③　問2 ③　問3 ①

解説　植民地や勢力圏を多く持っていたイギリスやフランス，アメリカ合衆国は，経済ブロックを形成して世界恐慌を乗り切ろうとした。例えばイギリスの場合，オタワ連邦会議を開催して連邦内における特恵関税協定を定め，スターリング=ブロックを成立させた。しかし，こうした政策は「持たざる国」との軋轢(あつれき)を生み，第二次世界大戦が勃発する遠因ともなった。そのため，大戦後はその政策が改められ，GATT(関税及び貿易に関する一般協定)が結成された。

【3】問1 ③　問2 (Ⅰ) ③ (Ⅱ) ② (Ⅲ) ① (Ⅳ) ②

解説　第一次世界大戦後，あいついで起こった不況に悩まされていた日本は，世界恐慌の影響がおよぶと，いっそう深刻な経済的打撃を受けるようになった。この頃，東北地方などでは娘の身売りなどが起こっていた。その打開策として，円安への誘導政策による輸出振興策がおこなわれたが，世界からは「ソーシャル=ダンピング」と批判された。また，植民地を多く持たない「持たざる国」であったため，日本は満洲などへの積極的な進出をはかるようになった。

【4】問1 アメリカ—④　日本—①　問2 (X) フランス　(Y) イギリス　(Z) 日本

解説　グラフAのうち，②はイギリス，③はドイツである。世界恐慌によって，資本主義諸国の工業生産力はいちじるしく落ち込んだ。とくに深刻だったのはア

メリカ合衆国とドイツで，問題のグラフAにもあるように，世界恐慌前の半分程度にまで落ち込んだ。アメリカ合衆国の場合，その回復は第二次世界大戦の開始まで待たなければならなかった。

⑭国際協調体制の動揺②

【1】問1 1929　問2 ④　問3 ②　問4 (例)満洲には，農村の過剰人口を受け入れる土地があり，農地の開拓とその防衛の役割を担う人びとが必要だったから。

解説　世界恐慌の影響は，日本経済に深刻な影響を与えた。とくに，アメリカ合衆国への輸出に頼っていた養蚕業は，壊滅的な打撃を受けた。有効な対策を講じることができなかった政党政治に対して，人びとは不満を抱くことになった。また，経済など社会不安の増大は，結果として軍部の台頭を許す世論を形成した。そうした中で，満洲への移民の奨励も疲弊した農村にとっては希望と映った。満洲がソ連との国境地帯であり，その防衛が意識されると，移民政策も国策となり，防衛基地的な色彩を帯びるようになったのである。問4は，「満洲が農村の過剰人口を受け入れるための土地があった」という趣旨のことが書かれていれば正解とする。

【2】問1 蔣介石　問2 (ア)④　(イ)①　(ウ)⑦　(エ)⑤　(オ)⑥　(カ)⑧　(キ)③　(ク)②

解説　蔣介石の人生を参照しながら，日中関係，国民党と共産党との関係を考える問題である。説明文にもある通り，20世紀初頭の辛亥革命から国共内戦で活躍した人びとの中には，日本とつながりを持った人物が少なくなかった。孫文にも多くの日本人の支援者がいたし，蔣介石もまた日本への留学経験があった。孫文の後継者となった蔣介石は，侵略してくる日本軍に加えて，共産党とも戦った。しかし，統一民族抗日戦線の形成を主張する共産党とこれに共鳴した張学良の説得に応じて，第2次国共合作が実現した。蔣介石の国民政府は，南京から重慶に移って日本に抵抗した。そのため日中戦争は，日本側の予想に反して長期化していった。

【3】(ア)⑦　(イ)⑧　(ウ)③　(エ)④　(オ)①　(カ)⑨　(キ)⑤　(ク)②　(ケ)⑥

解説　ヨーロッパでは1920年代から30年代にかけて，ファシズムが台頭した。1924年にレーニンが死去すると，ソ連のスターリンはトロツキーを排除し，権力を掌握した。1927年から第1次五カ年計画を進め，工業化(とくに重工業を重視)と農業の集団化を進め，反対

派を粛清して独裁者として君臨した。イタリアはすでに1922年にファシスト党のムッソリーニが組閣を命じられ，権力を握っていた。1929年の世界恐慌の影響で，不況におちいったドイツではナチ党が勢力を伸長した。イタリア・日本と結びつくとともに，勢力圏内のユダヤ人を迫害した。この大量虐殺はホロコーストと呼ばれる。

【4】問1 Ⅰ→Ⅱ→Ⅳ→Ⅲ　問2 (1)①・③　(2)③　問3 D・ゲルニカ　問4 (1)国際連盟設立を提唱していたアメリカ合衆国が加盟せず，ドイツ・ソ連が排除されていた。(2)全会一致の原則があり，常任理事国の権限が弱く，日本・ドイツ・イタリア・ソ連も脱退したり除名されたりした。(3)制裁方法が経済制裁のみであったため，あまり効果をあげられなかった。

解説　問1は，張作霖と張学良が父子であることを問題文から理解すれば，ⅠがⅡやⅣより前であることは理解できるだろう。また，満洲国建国は日本軍の満洲制圧以降のことなので，ⅢがⅣより後となる。問2(1)の意見②は，イタリアの国際連盟脱退が1937年であり，日本より後であることが年表から読みとれるので明らかに誤り。意見④は，五・一五事件が満洲事変とほぼ同時期の事件であり，二・二六事件が日中戦争より少し前の事件であることは中学校で学習済み。二・二六事件が日本の国際連盟脱退より後のことであり，誤りである。問4(1)は年表から，アメリカ合衆国が加盟しなかったことがうかがえる。(2)は年表から，常任理事国の構成がよくかわっていたことがうかがえる。(3)は年表から，イタリアのエチオピア侵略に対する国際連盟の経済制裁が，効果をあげられなかったことがうかがえる。

⑮第二次世界大戦①

【1】問1 ④　問2 ①・②　問3 宥和政策

解説　ヴェルサイユ体制を否定してヨーロッパで支配地域の拡大をはかるドイツに対して，イギリスやフランスは戦争を回避するための「宥和政策」をとり，小国の独立を犠牲にするかたちでドイツの要求を受け入れた。しかし，こうした政策は結果としてドイツの侵略を助長するとともに，不可侵条約締結というドイツとソ連の接近を招いた。ドイツとソ連によるポーランド侵攻に始まり，ヨーロッパでの戦争が開始される状況が整えられていく過程を理解しよう。

【2】問1 (ア)イスラエル　(イ)ユダヤ　(ウ)ポーランド　(エ)強制収容所　問2 ホロコースト

解説 ヒトラー率いるナチ党は，大規模な公共事業や軍需生産によって国内の失業者を減らして大衆の支持を得る一方，民族に優劣をつけてスラブ系民族などを劣等視し，ユダヤ人を迫害した。さらに，戦争が激化すると占領地から食料・資源・労働力を徴発するとともに，人種差別主義政策を強行し，ユダヤ人の大量虐殺をおこなった。戦時下において，世界各地でおこなわれた人種や民族に対する差別にもとづく暴力について理解を深めよう。

【3】問1（ア）④　（イ）⑦　（ウ）①　（エ）⑥　（オ）②
　　問2②・④　　問3④

解説 ヨーロッパでの戦いを有利に進めたいドイツ・イタリアと，中国での戦いを有利に進め，東南アジアのヨーロッパ諸国の植民地を影響下におさめたい日本の思惑が一致して，日独伊三国はそれまでの防共協定を軍事同盟へと発展させた。中立を守っていたアメリカ合衆国は武器貸与法を制定して反ファシズム諸国への支援を明確にするとともに，南進をはかる日本に対してはイギリス・中国・オランダとともに経済制裁を強化した（ABCDライン）。ヨーロッパとアジアの戦いが結びつき，枢軸国と連合国による文字通りの世界大戦となっていく過程を理解しよう。

【4】問1（ア）④　（イ）②　（ウ）①　（エ）⑥　　問2②　　問3①・③

解説 戦争の長期化は，日本国内の労働力不足や物資の欠乏を招いた。日本政府は総合切符制を採用して生活必需品の分配をおこなおうとした。やがて切符があっても物がない状態となり，米の配給も十分におこなうことができず，イモや小麦粉などの代用品の割合が増えていった。さらに戦況が悪化すると，都市に対する大規模な空襲を避けるための疎開や，兵力不足を補うための学徒出陣，労働力不足を補うための勤労動員がおこなわれた。戦争によって，人びとがどのような生活を強いられたのかを理解しよう。

⓰ 第二次世界大戦②
【1】問1沖縄　　問2②・④

解説 アジア・太平洋戦争の中で，とりわけ敗戦に至る戦争末期になると，多くの日本人が死傷した。直接戦闘に関わった陸・海軍の軍人はもちろんだが，各地への空襲，沖縄戦，広島・長崎への原子爆弾の投下などによって，多くの民間人が戦争によって犠牲となったことを理解しよう。また，戦場となった沖縄は，現在においてもアメリカ軍のアジアにおける戦略的拠点となっていることにも注目したい。

【2】問1（ア）①　（イ）③　　問2②　　問3①

解説 「大東亜共栄圏」建設を掲げた日本は，欧米植民地支配からのアジア解放を唱えて東南アジア一帯を占領支配した。しかし，実際には，日本の戦争遂行のための資材・労働力調達や，現地の文化や生活様式を無視し，人びとを建設や土木，鉱山などに強制動員する過酷な支配がおこなわれた。そのため，現地住民の反感はしだいに高まり，各地で日本の支配に抵抗する動きが起こった。日本による東南アジア支配の名目と実態，現地の人びとの動きを理解しよう。また，第二次世界大戦後には，こうした抗日運動を起こした勢力が中心となって，欧米植民地宗主国の軍と戦い，独立をはたしていった点にも留意したい。

【3】問1（ア）④　（イ）②　　問2国際連合　　問3④

解説 第二次世界大戦が始まると，アメリカ合衆国・イギリスを中心に連合国間では，戦争の勝利を前提とした戦後秩序の構想が協議されるようになった。こうした中で得られた合意をもとに，日本やドイツの戦後処理策や国際連合に結実する国際平和と安全の維持をはかる枠組が形成されていったことを理解しよう。また，大戦末期になるとアメリカ合衆国と並んでソ連の影響力が拡大し，のちの米ソを中心とする冷戦体制への萌芽が見られる点にも注意したい。

【4】問1①・③　　問2②・③　　問3③・④

解説 満洲事変をきっかけに，日本は満洲国を建国した。「五族協和」を理念としたが，実際には日本人と現地の人びととの間には歴然とした政治・経済的な格差が存在し，日本が事実上支配する傀儡国家であった。資源獲得のための開発がおこなわれるとともに，日本からは開墾を主目的に移民が送られた。さらに，日中戦争が始まると不足した開拓や防衛のための労働力・軍事力を，青少年を義勇軍に編成することで補おうとした。満洲国の実態を確認し，その崩壊過程で中国残留孤児やシベリア抑留などの問題が発生していったことをあわせて理解しよう。満洲国だけでなく，大日本帝国の版図はアジア・太平洋に広く存在した。そこで生活していた人びとが，戦争によってどのような状況になったのかということにも目を向けて学習してみよう。

⓱ 第二次世界大戦後の国際秩序の形成と日本の国際社会への復帰①
【1】問1（ア）⑤　（イ）④　（ウ）③　（エ）⑦　（オ）⑥　（カ）①　（キ）②　　問2③　　問3②　　問4③　　問5④　　問6②

8

解説　国際連合は，第二次世界大戦を防げなかった国際連盟の反省点を踏まえて発足した国際平和機構である。まず，大西洋憲章で構想が発表され，ダンバートン＝オークス会議で憲章草案が策定され，サンフランシスコ会議を経て発足した。この一連の流れは重要で，覚えておいて欲しい。この組織の特徴の一つは安全保障理事会の常任理事国に大きな権限を与えたことで，それにより，国際連盟よりも迅速に問題解決ができるようになることが期待された。

【2】問1(ア)⑦　(イ)②　(ウ)①　(エ)④　(オ)③　(カ)⑥　問2③　問3④　問4(例)朝鮮戦争による特需が起こり，経済復興を加速させることとなった。

解説　第二次世界大戦後，アメリカ合衆国を中心とする連合国に占領された日本では，連合国軍総司令部(GHQ)の指示のもとに民主的改革が進められた。具体的には，農地改革や財閥解体により地主や財閥の勢力を削り，国民主権・基本的人権の尊重・平和主義を軸とする日本国憲法を制定した。アメリカ合衆国は，当初，日本の経済力を削ぎ，徹底した民主国家を建設することを目指していた。しかし，東アジアにおいても共産主義勢力の伸長が目立つようになると，日本の経済力を維持しつつ，西側陣営に日本を組み入れるという方向に占領政策を転換させた。こうして，サンフランシスコ平和条約とともに日米安全保障条約が結ばれた。

⑱第二次世界大戦後の国際秩序の形成と日本の国際社会への復帰②

【1】問1(ア)③　(イ)④　(ウ)②　(エ)①　(オ)⑤　問2 アメリカ・イギリス・フランス　問3 ソ連　問4③　問5(例)ソ連とアメリカ合衆国が互いに核開発をおこない，戦争の抑止力となっていたということ。

解説　「ベルリンの壁」は，たしかに「冷戦」を象徴する建造物であるが，実際の冷戦は，それより以前に始まっていた。年代としては，1947年(トルーマン＝ドクトリン，マーシャル＝プラン，コミンフォルム)と1948年(チェコスロヴァキア＝クーデタ，ベルリン封鎖)の出来事をしっかり押さえておきたい。また，米ソの核開発競争が，結果として戦争の抑止力として働いたため，ヨーロッパでは本格的な軍事衝突が起こらなかったことにも留意しよう。

【2】問1(ア)②　(イ)⑦　(ウ)⑥　(エ)⑧　(オ)③　(カ)④　問2 Ｄ　問3(例)中国やソ連を包囲

して共産主義勢力の拡大を防ぐため。

解説　第二次世界大戦後のアジアの独立運動は，植民地の宗主国が西側の資本主義諸国であったこともあり，社会主義運動とつながる場合が多かった。そのため，朝鮮戦争やベトナム戦争などに見られるように，独立運動や民族統一運動が，一方で「冷戦」の代理戦争的な性格を持つこともあった。これに対して，アメリカ合衆国の主導で，反共的性格の地域同盟が世界各地に成立したことにも留意しよう。

【3】問1(ア)④　(イ)③　(ウ)①　(エ)②　問2②　問3(例)東アジアと東南アジアの結節点にある沖縄にアメリカ軍をおいて，共産主義勢力の拡大を抑えるため。

解説　第二次世界大戦に敗れた日本では，アメリカ合衆国を主体とする GHQ の指示による民主化が進められ，その過程で，日本でも社会主義勢力の伸張が見られた。しかし，ヨーロッパにおける「冷戦」の本格化や中華人民共和国の成立などに危機感を抱いたアメリカ合衆国は，日本に対して民主化よりも経済復興を優先させる占領政策に改めた。日本の独立回復が朝鮮戦争中のことであったこと，日米安全保障条約の締結，沖縄が返還されなかったことは，「冷戦」の影響であったことを理解しておこう。

⑲国際政治の変容①

【1】問1(ア)ネルー　(イ)アジア＝アフリカ(バンドン)　問2④　問3①　問4①

解説　第三勢力の形成は多地域にわたるテーマのため，時期や場所を一つひとつ確認しながら記憶をしていきたい。大きくは，アジアの大国である中印の接近(ネルー・周恩来会談)からアジア・アフリカ諸国が集結(アジア＝アフリカ会議)し，やがて米ソ冷戦下で東西両陣営のどちらにも属さない国が参加する(非同盟諸国首脳会議)という大きな流れがある。ただ，しだいに参加国間の利害関係が一致しなくなり，1970年代以降はその勢いは停滞することになる。

【2】問1(Ｘ)ホー＝チ＝ミン　(Ｙ)スカルノ　問2(ア)⑥　(イ)③　(ウ)⑤　(エ)②　問3②　問4③　問5③

解説　日本の侵略を経験した東南アジア諸国は，日本の敗戦後に宗主国と戦い独立を勝ち取ったという場合が多い。今回あげた例以外でも，ビルマ(ミャンマー)のアウン＝サンの活躍については覚えておきたい。この地域では，当初，反共軍事同盟として東南アジア条約機構(SEATO)が結成されたが，やがて東南アジア

諸国連合(ASEAN)が結成された。ASEANは，現在では10カ国が加盟する組織となり，経済協力などを目指す組織となっている。

【3】問1(ア)ナセル　(イ)ジンナー　　問2④　　問3アスワン＝ハイダム　　問4カシミール地方

解説　南アジアや西アジアでは，宗教対立が地域紛争を招いているという現実がある。とくに，中東問題については現在も解決されていない大きな問題である。このテーマについては，今回の部分だけでなく，第3次中東戦争・第4次中東戦争からパレスチナ暫定自治協定までの経緯もあわせて学習しておきたい。その際，イスラエルが占領下においている地域(ゴラン高原・ヨルダン川西岸地区・ガザ地区)については，地図でその位置を必ず確認しておくこと。

【4】問1(ア)アルジェリア　(イ)エンクルマ(ンクルマ)　　問2②　　問3①　　問4④

解説　アフリカについてはなじみが薄い地域であるだろうが，ポイントは押さえるようにしたい。アフリカ諸国の独立は，基本的に北部から始まり南部が続いていった(大まかには，マグレブ諸国→サヘル諸国→東海岸諸国→南アフリカ共和国周辺)。また，各国が「どの国から独立したか」についてもあわせて覚えておきたい。さらに，アフリカ諸国が地域統合を模索するようになった(アフリカ統一機構〈OAU〉からアフリカ連合〈AU〉への流れ)ことを押さえておくこと。

⑳ 国際政治の変容②

【1】問1　Ⅰ―b　Ⅱ―d　Ⅲ―c　Ⅳ―a　　問2(ア)ダライ＝ラマ(14世)　(イ)フランス　(ウ)38　(エ)中国(中華人民共和国)　(オ)イスラエル

解説　地域紛争の問題は，起きた場所を必ず地図で確認しておきたい。冷戦期の地域紛争は，アメリカ合衆国とソ連の冷戦の代理戦争として起こるものと，第二次世界大戦後に独立や新たな国を建国するために起こるものに大きくわかれる。紛争の内容を理解する時に，なぜ，その紛争が起きたのか，という原因をしっかりと理解するようにしよう。

【2】問1(ア)③　(イ)②　(ウ)⑤　(エ)④　(オ)①　　問2(例)アメリカ軍が朝鮮戦争のために日本で多くの物資を調達する特需が生まれた

解説　1950年代から1960年代の日本の外交は，冷戦，朝鮮戦争，ベトナム戦争に大きな影響を受けた。日米安全保障条約や沖縄返還，冷戦や朝鮮戦争，ベトナム戦争など，一つひとつは基本的な用語であるが，それらをしっかりと関連づけて学習することで，世界と日本のつながりが見えてきて，学習内容が理解しやすくなる。ただ覚えるだけではなく，一つの用語を深めて調べてみることが大事となる。

【3】(ア)⑥　(イ)⑦　(ウ)⑤　(エ)⑧　(オ)④　(カ)②　(キ)⑨　(ク)③　(ケ)①

解説　核兵器に関するテーマは，冷戦前半期のアメリカとソ連の核開発競争，キューバ危機以降の核軍縮，冷戦終結後の核拡散，といった時期に分かれる。こうした核兵器開発や拡散に対して，世界でどのような核廃絶運動がおこなわれてきたのか，ということも押さえておきたい。とくに日本は，世界で唯一の被爆国として世界に対してどのような運動をしていったのかも押さえておこう。

【4】問1(あ)C・Ⅱ　(い)D・Ⅲ　(う)B・Ⅰ　(え)A・Ⅳ　　問2(1)国―東ドイツ(ドイツ民主共和国)　都市―ベルリン　(2)東―社会主義　西―資本主義　(3)(例)東ドイツの人びとが西ドイツや西ベルリンへ逃亡すること

解説　冷戦期の各国の特徴をテーマとした問題である。冷戦期は，日本と世界でさまざまな出来事が起きているが，どの指導者の時に，何が起きたのか，をまとめてみると流れが理解しやすくなる。その上で，他国にどのような指導者がいたのかを関連づけると世界の動きが理解しやすくなる。またこのテーマに限らず，一つひとつの事件や出来事の原因や背景を理解しながら，歴史の学習を進めてもらいたい。

㉑ 世界経済の拡大と日本の経済成長

【1】問1(ア)②　(イ)③　(ウ)①　(エ)⑤　(オ)④　　問2池田勇人　　問3①・②・④　　問4戦後

解説　第二次世界大戦後の日本経済の様子を理解しよう。戦後の日本経済は，朝鮮戦争やオリンピック，石油危機などに世界的な出来事と関係しながら好景気，不景気を経てきた。景気拡大や経済成長を背景に，人びとの生活が豊かになっていったのである。

【2】問1①　　問2②　　問3北爆

解説　アメリカ合衆国の軍事介入などを契機に発生したベトナム戦争が長期化すると，ベトナム反戦運動は，アメリカ合衆国だけでなく世界各地に広がりを見せ，日本でも「べ平連」などが中心となり，ベトナム戦争反対の運動が盛りあがりを見せた。

㉒ 市場経済の変容と課題①

【1】問1(ア)③　(イ)⑧　(ウ)①　(エ)④　(オ)②　　問2トイレットペーパー　　問3①　　問4スハ

ルト

解説　1970年代の世界経済は，資源ナショナリズムの台頭と，アジアNIESの躍進に特徴づけられる。1973年の第4次中東戦争に端を発するアラブ産油国のナショナリズムと石油戦略は，安価な原油を大前提としていた西側先進諸国をおおいに困惑させた。また，安価で良質な労働力を武器にアジアのいくつかの国で目覚ましい経済発展が起こったが，それはどの国か，またこの躍進を可能にした条件は何だったのか，注意して学ぶ必要がある。

【2】問1④　　問2人民公社　　問3天安門広場

【3】問1（ア）チェルノブイリ　（イ）ペレストロイカ
　　問2②　　問3③　　問4アフガニスタン

解説　1980年代に入る頃から，アジアNIESとは対照的に，それまで順調に発展しているかに見えた社会主義諸国の経済が行き詰まり始め，1990年前後にソ連と東欧諸国の一党独裁型社会主義は破綻していった。一方，中国では一時期の文化大革命路線の誤りに気づき，活気のある西側諸国の市場や資本と連結していった。中国は政治的には一党独裁を維持しながらも，経済政策は自由化するという変則的な政策により成長を続けた。両者の差を注視しつつ学習を進めよう。

【4】問②

解説　ITによる通信コストの低下は，取引におけるさまざまな情報のすり合わせなどを飛躍的に容易にした。このため，一つの製品を完成させるまで，世界中にある工場や生産拠点を組み合わせる水平的分業がビジネスモデルとして優位を持ち，自社工場をあえて持たない企業（アップル社など）も登場した。こうした中で，自社の工場での一貫したていねいな物づくりを得意とした先進国の大規模メーカーの衰退が生じた。

【5】問1①　　問2（例）援助がおこなわれる際に，前提として，資材や労働力の調達先を援助供与国に限定するよう条件をつけたもの。　　問3東ティモール　　問4アフリカ

解説　日本のODA（政府開発援助）は，1980年代以降，世界有数の金額となり，今も世界第四位であり，おおいに評価されるべき存在感を発揮している。しかしその一方で，以前は「ひもつき」援助が多かったこと，昔も今も一貫して国民1人当たりの援助額でいえば，世界の中で上位国とはいえないこと（2018年の1位はノルウェーで日本の約7倍）など，課題もはらんでいる。またODAは，時代や世界情勢を映す鏡でもあり，昨今，アフリカへの援助額が増えている事実は象徴的である。

㉓ 市場経済の変容と課題②

【1】問1③　　問2③

解説　グローバル化という現象にはさまざまな側面があるが，この問題ではヒトの移動に注目した。ここでは1830年から1914年までの19世紀の移民を示した地図と，2012年の地図を比較した。1830年から1914年では，産業革命による蒸気船などの移動手段の発達，欧米諸国の植民地の増加が移動の原因となっていたが，現代ではヨーロッパや北アメリカへの移動が多い。仕事を求めていたり，治安のよい地域に移動するといった理由である。一言で移民といっても，その中身は時代ごとに違う。時代背景とあわせて理解しよう。

【2】問1 Ⅰ－②　Ⅱ－③　Ⅲ－①　　問2②

解説　第二次世界大戦後から現代までの日本企業の歴史の一つの例としてトヨタ自動車を取りあげた。日本の企業とはいえ，世界の歴史と関係が深いことに注目してほしい。1960年代頃の高度経済成長期は，国内生産量を増やして海外へ輸出していた。その後，円高になると，海外で直接生産をおこなうようになり，グローバル化の時代がくると，国内よりも海外での生産量が多くなった。日本企業の歴史も，世界と深く関係している。

【3】問1①　　問2③　　問3①

解説　グローバル化を進めるうえで，もっとも大きい力となっているのが情報通信技術である。問1は，情報通信が世界の政治・経済にどれだけ大きな影響を与えているかを考える問題である。情報は容易に国境を越えるようになり，国家では管理しきれなくなっている。問2は，携帯電話の普及についての問題である。ほとんどの地域で普及している中で，20%以下の普及率の国がどういう状況にあるかを考える問題である。問3は，インターネットの普及についての問題である。携帯電話と比較すると，かなり地域差が大きいことがわかる。国内での地域差も大きく，情報格差の課題があることに気づいてほしい。

㉔ 冷戦終結後の国際政治の変容と課題①

【1】問1（例）仲直りをした／平和が訪れた　　問2（イ）④　（ウ）②　　問3（エ）④　（オ）⑥　（カ）②　　問4 D→C→B　　問5冷戦

解説　時代の変化の象徴を，1枚の写真から学びたい。第二次世界大戦後，世界の多くの国々がアメリカ合衆国の資本主義，ソ連の社会主義という二大勢力にわかれていった。その象徴ともいえるのが「冷戦」である。大国が直接的に対決することはなかったが，大国に翻

弄された国がたくさんあった。そのような状況がつい
に解消される状況となった出来事について，今回の1
枚の写真から考えてもらいたい。

【2】(ア)ペレストロイカ　(イ)グラスノスチ

解説　1980年代，ソ連の中で，国の体制を大きく変え
ようと奔走した重要な人物がいた。現在のロシア連邦
は，その改革がもととなり，成立した国家である。ソ
連は共産党政権が一党独裁の政治をおこなっていた。
情報が統制され，国全体の状況が見えなかったものが，
この人物によって情報公開がおこなわれ，世界中の人
びとに衝撃を与えた。

【3】問1③　　問2東−ドイツ民主共和国　西−ドイ
　　ツ連邦共和国　　問3(例)世界の対立がなくなり，
　　平和になると考えた。　　問4(例)今までの共産
　　党一党独裁体制から共和制に移行した

解説　東ヨーロッパの民主化として，二つの事例を取
りあげた。一つ目は，【1】でも出てきたアメリカ合衆
国とソ連の二大国の対立の中で，国家を東西に分割さ
れてしまったドイツである。その東西ドイツについて，
分断の歴史の象徴を破壊した出来事から，一つの時代
の終わりを学ぶ。二つ目からは，ルーマニアの民主化
への道は平和的には進まず，民衆が立ちあがった点に
ついて考えたい。

【4】問1 C−1964　D−1970　E−1987　　問2②

解説　社会党右派と社会党左派の合同は，革新勢力の
統一となり，自由党と日本民主党の保守勢力の合同に
も影響を与えた。55年体制については，上述の政治勢
力の移り変わりを知ることとともに，戦後日本が復興か
ら高度経済成長へと至る過程，およびその間における
課題などを理解してもらいたい。この問題の解法のポ
イントは，時代の変化を読み解くところにある。

㉕ 冷戦終結後の国際政治の変容と課題②

【1】問1㋐−④　㋑−①　㋒−③　　問2イギリス
　　問3③　　問4マーストリヒト　　問5ユーロ

解説　ヨーロッパの統合は，経済の部分的な統合から
始まり，1967年のEC発足で一定程度達成された。こ
の時点では，西ドイツ・フランスが中心であり，イギ
リスは，EFTAを結成してこれに対抗していたこと
を押さえておこう。その後，1973年にイギリス・デン
マーク・アイルランドが加盟(拡大EC)し，1980年代
にはギリシア・スペイン・ポルトガルも加盟してヨー
ロッパの統合が進んだ。こうした流れを受けて，1993
年にEUが発足し，1999年には単一通貨ユーロの使用
も始まった。

【2】問1(ア)⑤　(イ)③　(ウ)②　　問2②　　問3
　　(例)EUに不満を持つ勢力が強くなり，次々と離
　　脱する　　問4東側に属する社会主義国　　問5
　　い

解説　EUは，21世紀に入ると東ヨーロッパの旧社会
主義国も加盟して規模を拡大したが，一方でEUに課
されるさまざまな制約をきらう国も現れた。イギリス
は，2016年の国民投票を受けて離脱を表明した。この
問題は，イギリス1国にとどまらず，他の加盟国におけ
る反EU勢力の伸張にも影響を与えている。

【3】問1(ア)②　(イ)④　(ウ)⑤　(エ)③　　問2ⓐ
　　−え　ⓑ−う　ⓒ−い　　問3(1)(アウン＝サ
　　ン＝)スー＝チー　(2)ノーベル平和賞

解説　東南アジアの統合は，ベトナム戦争中に結成さ
れたASEANを中心として進められている。当初の
反共軍事同盟的な性格から，ベトナム戦争の終結を経
て，地域協力のための機構に性格が変化したことを確
実に押さえておこう。

【4】問1(ア)⑥　(イ)⑨　(ウ)⑧　(エ)⑦　(オ)⑩
　　問2②　　問3北米自由貿易協定(NAFTA)

解説　まず，アメリカ合衆国におけるトランプ政権の
成立が，どのような背景で起こった出来事なのかを確
認しておこう。次に，同様な事態がほかの先進国でも
見え始めていることから，グローバル化の問題点を考
える際に活用できるようにしたい。

㉖ 冷戦終結後の国際政治の変容と課題③

【1】問1④　　問2ユーゴスラヴィア　　問3ⓐ−い
　　ⓑ−え　　問4②

解説　冷戦終結後の世界では，民族問題を原因とする
地域紛争が頻発している。1990年代のユーゴスラヴィ
ア内戦は，その代表例の一つである。国内の民族対立
が，どのような原因で，どのようなタイミングで激し
くなるのかということは，地域によって異なるが，共
通点や相違点を各自で調べて，対立を回避する方法に
ついて考えてみよう。

【2】問1①　　問2ⓑ−イ　ⓒ−ア　　問3③

解説　21世紀の世界では，民間組織による国際協力も
活発におこなわれている。協力(支援)を受ける国々に
ついて，どのような共通点があるのかを調べ，解決に
向けての方策を考えてみよう。

【3】問1①　　問2(Ⅳ)

解説　21世紀の世界で多く見られるようになった国際
的なテロ組織の活動も，一面ではグローバル化の産物
といえよう。その背景にある民族問題や宗教間の対立，

また，それに起因する差別や貧困などを知ることで，現代社会の諸問題についていろいろな観点から考えてみよう。

【4】問1（ア）マンデラ・②　（イ）マララ（＝ユスフザイ）・①　問2アパルトヘイト

解説　さまざまな差別に対抗する手段は，テロリズム的な行動だけではないことが，本問のテーマである。私たちと同時代の世界で，人びとがどのような形で解決すべき課題に取り組んでいるのかということを，意識しておくようにしよう。

◆27 現代のアジアと日本の課題

【1】問1 Ⅰ─④・ⓑ　Ⅱ─⑥・ⓒ　Ⅲ─⑤・ⓗ　Ⅳ─⑦・ⓓ　Ⅴ─③・ⓕ　問2（ア）④　（イ）①（ウ）③　（エ）②　（オ）⑤　問3（例）住居や物資・医療の支援に費用がかかる。／文化的な摩擦が生じる可能性がある。

解説　冷戦終結後の国際社会では，国家間紛争は減少したが，中東やアフリカなどで地域内紛争が増加し，大国が干渉することも見られるようになった。紛争の背景には，民族問題，領土・資源問題などがある。それぞれの紛争が，どのような原因で生じたのか確認したい。また，アメリカ合衆国はイギリスなどとともに，第二次世界大戦後，中東の情勢に影響を与えてきた。Ⅴのアフガニスタンとの戦争以降も，イラク戦争，シリア紛争などに関わっている。中東の地域対立だけが原因で，大規模な戦闘が起きているわけではないことに注意したい。

【2】問1 A─①・Ⅱ　B─④・Ⅰ　C─③・Ⅳ　D─②・Ⅲ　問2Ⅲ

解説　現代のアジア・アフリカの指導者を取りあげた。その人物が表舞台に現れた経緯や，影響などについて

整理したい。この4名が世界史に与えた影響は大きい。ただし，すべてがその後，順調にいったわけではないことに注意したい。パレスチナでは，ラビン首相がユダヤ教急進派に暗殺されると，イスラエル・アラブとも武力対決路線に立ち戻ってしまった。朝鮮半島では，南北会談はその後もおこなわれているが，北朝鮮で核開発が進むなど，和解に進んでいるとはいえない状況がある。

【3】問1（ア）⑤　（イ）①　（ウ）②　（エ）④　問2③　問3③

解説　日本は，アジアやアフリカの国々にODAを通じて開発協力をおこなってきた。ただし，自衛隊の海外派遣は憲法第9条に違反するという立場から，長い間，国連平和維持活動（PKO）には参加してこなかった。しかし，国際情勢が変化した結果，資金だけでなく人的な国際貢献を求める声が高まり，1991年の湾岸戦争ののち，PKOに協力するようになった。さらに国内での反対も多かったが，2015年には安全保障関連法案が成立し，現在では条件つきではあるが集団的自衛権も認められるようになった。

【4】問1（ア）②　（イ）①　（ウ）③　問2ⓑ─③・X　ⓒ─①・Z　ⓓ─②・Y

解説　多くの島々で成り立つ日本は，国土面積約38万km^{2}の約12倍の排他的経済水域を有しており，排他的経済水域は世界第6位の広さを誇る。北方領土，竹島，尖閣諸島について，日本政府は歴史上，外国の領土となったことのない「日本固有の領土」であるとしている。北方領土と竹島については，それぞれロシア・韓国と領土問題があるとしているが，尖閣諸島については領土問題自体が存在しないと主張している。歴史をひもとけば，領土問題が戦争になったことも数多くあるので，平和な話し合いでの解決が望まれる。

<ruby>歴<rt>れき</rt></ruby><ruby>史<rt>し</rt></ruby><ruby>総<rt>そう</rt></ruby><ruby>合<rt>ごう</rt></ruby><ruby>問<rt>もん</rt></ruby><ruby>題<rt>だい</rt></ruby><ruby>集<rt>しゅう</rt></ruby>　　解答・解説

2020年 9 月25日　第1版1刷発行
2022年11月25日　第1版3刷発行

編 者　NPO法人神奈川歴史教育研究会
監修者　石橋功　西浜吉晴
発行者　野澤武史
印刷所　株式会社 太平印刷社
製本所　有限会社 穴口製本所
発行所　株式会社 山川出版社
　　　　〒101-0047　東京都千代田区内神田1-13-13
　　　　　　電話　03-3293-8131（営業）　03-3293-8135（編集）
　　　　　　https://www.yamakawa.co.jp/
　　　　　　振替口座　00120-9-43993